感谢中国移动通信集团有限公司和中国电信集团有限公司
对本书的大力支持！

扫码阅读电子书

中国中小企业
2024蓝皮书

促进中小企业成长
与民营经济发展

The Blue Book
of SMEs in China 2024

Promoting The Growth of SMEs
and The Development of Private Economy

主　编◎马　彬　孙文凯
副主编◎谢　极　聂贤祝

中国计划出版社
·北　京·

图书在版编目（CIP）数据
中国中小企业2024蓝皮书 ： 促进中小企业成长与民营经济发展 / 马彬, 孙文凯主编 ; 谢极, 聂贤祝副主编. 北京 ： 中国计划出版社, 2024. 12. -- ISBN 978-7-5182-1748-9
Ⅰ. F279.243
中国国家版本馆CIP数据核字第20246XD014号

中国中小企业 2024 蓝皮书：促进中小企业成长与民营经济发展
ZHONGGUO ZHONG–XIAO QIYE 2024 LANPISHU: CUJIN ZHONG–XIAO QIYE CHENGZHANG YU MINYING JINGJI FAZHAN

策划编辑：周姿汝　　责任编辑：周姿汝

中国计划出版社出版发行
网址：www. jhpress. com
地址：北京市西城区木樨地北里甲 11 号国宏大厦 C 座 4 层
邮政编码：100038　电话：（010）63906433（发行部）
北京厚诚则铭印刷科技有限公司印刷

210mm × 285mm　1/16　9 印张　173 千字
2024 年 12 月第 1 版　2024 年 12 月第 1 次印刷

定价：80.00 元

编 委 会

顾　问：李子彬

主　编：马　彬　孙文凯

副主编：谢　极　聂贤祝

编　委：（按姓氏音序排序）

陈丽媛　李　源　刘泓延　刘宏彦　刘青君　刘玉涛

唐思远　王文靖　杨洁飞　杨　妍　曾异香　张文凯

序　　言

改革开放40多年来，党中央始终坚持“两个毫不动摇”，不断深化改革、扩大开放，我国民营经济和中小企业从小到大、由弱到强，为促进我国经济快速发展、人民生活水平大幅提高、综合国力显著增强作出了重大贡献。

党的十八大以来，以习近平同志为核心的党中央高度重视民营经济发展和中小企业成长，民营企业总量快速增长，实力不断增强，发挥的作用越来越大。总体上可以概括为“五六七八九”的特征。即贡献了50%以上的税收，60%以上的国内生产总值，70%以上的技术创新成果，80%以上的城镇劳动就业，90%以上的企业数量。在税收方面，民营企业税收占比超过50%，是保障国家财力的中坚力量。在GDP贡献方面，民营经济占全国GDP的比重超过60%，部分省份接近70%。在技术创新方面，民营企业贡献了70%以上的技术创新成果，高新技术企业占比为90%。在吸纳就业方面，民营经济吸纳了70%以上的农村转移劳动力，提供了80%以上的城镇就业岗位和90%的新增就业岗位，成为吸纳就业的主力军。民营企业数量从2012年底的1085.7万户增长至2023年底的5300多万户，在企业总数中的占比由79.4%提高到92%以上。在新时代新征程上，民营经济是推进中国式现代化的生力军，是高质量发展的重要基础，是推动我国全面建成社会主义现代化强国、实现第二个百年奋斗目标的重要力量。

在我国，民营企业和中小企业高度相关，民营企业中90%以上是中小企业，中小企业中90%以上是民营企业，几乎是同一个群体。民营企业和中小企业所面临的政策环境、市场环境、发展趋势、优点弱项等具有较多的共性。研究促进中小企业成长和民营经济发展的理论与实践，对于当前促进经济稳增长和进一步深化经济体制改革，具有很强的现实意义。

本书深入阐述民营经济发展的理论基础和影响因素，分析民营企业发展历程、现状和发展环境变化情况，研究民间投资布局现状、影响因素、存在的问题，结合促进中小企业发展的典型案例，进一步探讨中小企业发展壮大对内部和外部环境的需求，并提出若干对策建议，为促进中小企业成长和民营经济发展提供了理论和实践的经验借鉴。

一、民营经济和中小企业的重要地位与发展状况

截至 2024 年 5 月底，我国实有民营经济主体总量为 18045 万户，占全部经营主体总量的比重由 2019 年的 95.5% 增长为 96.4%，其中民营企业为 5517.7 万户。中华全国工商业联合会发布的“2023 中国民营企业 500 强”榜单及调研报告显示，我国民营企业 500 强整体规模持续增长，入围门槛达到 275.78 亿元，比上年增加 12.11 亿元。2012—2023 年，入围世界 500 强的民营企业由 6 家增加至 36 家。

民营经济发展与区域经济水平呈正相关。2024 年第一季度，民营经济较发达的京津冀、长三角、粤港澳大湾区内地九市地区生产总值分别达 2.5 万亿元、7.4 万亿元、2.6 万亿元，总量超过全国 GDP 的 41.9%，发挥了全国经济压舱石、高质量发展动力源、改革试验田的重要作用。

一是民间投资支撑经济稳增长。在全社会固定资产投资规模中，民间投资所占比重超过半数，是经济稳增长的重要力量。2023 年，民间固定资产投资 253544 亿元，占全国固定资产投资的 50.4%，其中制造业民间投资增长了 9.4%，基础设施民间投资增长了 14.2%。民间投资既是监测民营企业发展状况的晴雨表，也是巩固经济回升向好的发力点。

二是民营企业外贸活力充沛。自 2019 年起，民营企业连续五年稳居我国外贸经营主体第一位，稳外贸主体地位持续巩固。2023 年，民营企业进出口额占我国外贸总值的比重为 53.5%，有进出口记录的外贸经营主体首次突破 60 万家，其中民营企业 55.6 万家，企业数量占比达到 92.6%。

三是民营经济结构和布局不断优化。从行业分布看，制造业民营经济主体占比为 96.1%，科学研究和技术服务业民营经济主体占比为 94.4%，信息传输软件和信息技术服务业民营经济主体占比为 92.4%。2019 年以来各类高新技术产业新设民营企业占比均在九成以上。其中，高技术制造业的占比为 90.2%、高技术服务业的占比为 93.3%、“四新经济”（“新技术、新产业、新业态、新模式”的经济形态）的占比为 93.4%、数字经济核心产业的占比为 94.6%。

四是政策法规体系不断健全。2023 年 7 月，《中共中央 国务院关于促进民营经济发展壮大的意见》发布，围绕优化民营经济发展环境、加大政策支持、强化法治保障、完善政府诚信履约机制等方面，提出 31 条具体举措。2023 年 9 月，国家发展改革委设立民营经济发展局，作为促进民营经济发展壮大的专门工作机构。《中华人民共和国民营经济促进法》正在加快制定，聚焦民营企业核心关切，逐步构建立法、执法、司法全方位产权保护制度体系。

五是深层次改革和高水平开放为民营经济发展注入强大动力。党的二十届三中全会对进一步全面深化改革、推进中国式现代化作出战略部署，特别是全国统一大市场建设、要素市场化配置、产权保护制度等多方面改革举措持续落地见效，推动资源配置效率提高、交易成本降低，进一步激发民营企业发展内生动力。同时，对外开放范围和领域不断扩大，共建“一带一路”成为深受欢迎的国际公共产品和国际合作平台，有助于民营企业更好融入国内国际双循环，不断提高竞争力。

六是新一轮科技革命和产业变革为民营经济提质升级带来新机遇。民营企业正在抢抓生产力跃升动能，我国创新体系整体效能不断提升，在全球创新链中的地位日益提高，人工智能、量子技术、生命科学等方面的科技创新孕育着新的重大突破，将在民营经济的众多领域催生出规模巨大的新供给、新需求，为民营企业创造重要的发展机遇。

七是中小企业服务供给体系不断完善。目前，全国已推动设立覆盖国家、省、市、县四级的中小企业公共服务机构（服务中心）超过 1700 家，多层次中小企业服务体系不断完善。已建立 31 个省级、165 个市级中小企业线上服务平台，全国中小企业服务“一张网”建设稳步推进。各地积极出台政策，支持中小企业服务体系建设，推动服务供给能力升级，中小企业的获得感和满意度稳步提高。

二、存在的问题

当前，受经济形势和自身条件影响，民营经济发展和中小企业成长仍面临一些困难与挑战，需要各方面的关注与支持。主要困难可以归纳为预期不稳、需求不足、市场不健全、成本高企和应收账款拖欠等。

一是预期不稳。主要源自所有制差别和由此造成的不公平的市场待遇。现实存在的所有制差别，加上社会上时而有一些关于民营经济的错误言论，是造成民营企业和民营企业家预期不稳、信心不足的根本原因，并直接导致民间投资持续走低。

二是需求不足。这是我国经济各行业当前面临的共性问题，是发展中、转型中的问题。外部环境复杂性、严峻性、不确定性明显上升，国内经济有效需求不足，重点领域风险隐患仍然较多，新旧动能转换存在阵痛。外需下滑和内需不足叠加。

三是公平竞争落实不足和权益保护不充分，造成市场不健全。中小企业在市场准入和要素获取等方面的障碍仍较突出，各类“玻璃门”“隐形门”等隐性壁垒妨碍了公平竞争，挫伤了民营经济和中小企业参与市场竞争的积极性。侵犯民营企业和民营企业家合法权益的事件时有发生，侵权行为成本低、处罚弱，但维权周期长、投入高。

四是成本高企挤压中小企业的利润空间。土地、设备、原材料、用能等成本长期高位运行，劳动力成本不断上升，非税支出增长明显，不少企业投入回报率下降，效益下滑。

五是应收账款拖欠问题解决缓慢。政府部门和大型国有企业的拖欠行为依然存在，中小企业应收账款居高不下，造成企业资金循环紧张。应收账款融资受到传统风控模式限制创新乏力，融资难题未能从根本上得到解决。

六是数字化赋能不足。现有数字化工作大多集中在单点试验和局部推广阶段，不少中小企业尤其是一些传统产业的经营者对数字化转型的认知不深、能力不足，不想转、不会转、不敢转的现象依然较多。有关机构调查显示，目前基本实现全流程数字化覆盖的中小企业占比仍不到 10%，拓展空间很大，亟待提质推进。同时，随着数据量的不断增加，数据确权、安全、治理等环节的法律法规和制度等问题也开始显现。

三、有关建议

促进中小企业成长和民营经济发展，事关党和国家事业发展全局。需要全面贯彻党的二十届三中全会精神，用改革的办法解决发展难题。

一是最大限度降低所有制差别。破除制约民营企业公平参与市场竞争的制度障碍，从制度和法律上把平等对待国企民企的要求落到实处。习近平总书记多次强调民营企业和民营企业家是我们自己人。要保持政策供给的一致性、稳定性。要持续破除市场准入壁垒，打破地方保护和所有制歧视，专项治理招投标领域乱象，进一步规范信息、数据等资源的平等使用规则，同时还要为民营企业在职称评定、户口档案流动等方面消除障碍。

二是扩大市场有效需求。加快推动《推动大规模设备更新和消费品以旧换新行动方案》的落地见效，鼓励民营企业积极参与设备更新和消费品以旧换新工作，带动民间投资和项目启动。鼓励有条件的地方发放消费券、惠民券，释放消费潜力，增加市场活力。用好国家发展改革委建立的民间资本推介项目平台，发挥更大的引导和促进作用，带动民间资本参与重大项目建设，着力稳定和扩大民间投资。

三是进一步减轻企业负担。用好政策工具箱，打好减税、降费、降低要素成本的“组合拳”，进一步减轻企业负担。2022 年我国非税收入增幅达到 24.4%，同比上升 20.2 个百分点。应合理界定非税收入范围，适时公开非税收入明细，接受社会监督。目前，企业社保缴费成本较高，相关规定要求企业必须将职工实际工资全额作为缴费基数，给企业造成较大压力。应研究制定弹性缴费基数的政策，尤其对于初创期和亏损期的企业，建议允许将员工实际工资的60%~100%作为缴费基数，降低企业的社保成本。

四是持续优化营商环境。民营企业和中小企业对营商环境的需求最迫切。构建亲清政商关系，完善政府诚信履约机制、民营企业常态化沟通交流机制，切实提高政务服务能力和治理水平。深化商事制度改革，简化企业生产经营审批程序和要件，破除“准入不准营”问题。

五是加大数字化赋能支持力度。数字经济和实体经济深度融合是必然趋势，数字经济对传统实体经济发展具有放大、叠加和倍增作用。需要提供更多适合民营企业和中小企业的数字化产品，引导、帮助企业建立数据资产、用好数据资产，充分释放数据资产的活力和效能。

六是支持民营企业“走出去”。建立健全统一、开放、竞争、有序的市场体系，改善民营企业进出口面临的政策和制度环境，提升民营企业对外贸易便利化水平。加快建设“走出去”行业服务平台和海外服务驿站，为民营企业提供培训指导和法律服务，帮助企业妥善应对国外不合理贸易限制措施。加强与贸易伙伴国的自由贸易协定谈判或者升级谈判，完善通关、税收、外汇等政策，加快发展数字贸易，培育对外贸易新动能，支持构建适应跨境电商发展的供应链和生态圈，鼓励外贸新业态发展。

党的二十大强调，要优化民营企业发展环境，依法保护民营企业产权和企业家权益，促进民营经济发展壮大。2024年是中华人民共和国成立75周年，是实现“十四五”规划目标任务的关键一年。促进中小企业成长和民营经济发展具有重要的现实意义。

希望本书能够对广大民营企业、中小企业及有关机构和读者有所启发和帮助。感谢中国人民大学的老师对本书编写付出的辛勤劳动。感谢中国移动通信集团有限公司和中国电信集团有限公司为本书提供的中小企业数字化转型的鲜活案例。

目　录

第一章

民营企业发展历程和现状

民营经济作为国民经济的重要组成部分，是推进中国式现代化和高质量发展的生力军。《中共中央 国务院关于促进民营经济发展壮大的意见》于 2023 年 7 月发布。这一重要文件释放出明确信号：民营经济必将在新发展格局中发挥基础性作用，通过提高资源配置效率、激发创新创业效能、赋能市场竞争机制等方式，助力中国经济高质量发展。2023 年 9 月，国家发展改革委设立民营经济发展局，负责民营经济相关工作，多地也进行了相应改革。中小企业与民营企业高度重合，在新的背景下，进一步了解民营企业发展环境变化、民营经济投资布局、民营企业发展过程中的内外部需求变化等十分必要。

一、民营企业发展历程

我国民营企业自 1979 年以来蓬勃发展，民营经济从小到大，从弱到强，不断发展壮大。习近平总书记指出："我国民营经济只能壮大、不能弱化，不仅不能'离场'，而且要走向更加广阔的舞台"。

根据民营企业成长特点及政策支持，其发展历程可以归纳为起步阶段、发展阶段、扩张阶段、市场化转型阶段、全面提升发展阶段、高质量发展阶段。这种转变伴随着我国市场经济体制的建立而不断完善，发展至今形成了民营经济与公有制经济优势互补、共同发展的格局[1]。

[1] 王生升．经济发展新时代离不开国有经济和民营经济的共同发展［EB/OL］.（2018-02-08）［2024-08-20］. http//www.sasac.gov.cn/n2588025/n2588134/c8584952/content.html.

（一）发展历程及特点

1. 起步阶段：1979—1984 年

政策支持：开始实施改革开放政策，引入市场经济元素，鼓励和允许个体经济和家庭联产承包责任制的发展。政府逐步放宽对民营经济的限制，鼓励创业和个人积累财富。1981 年，在中国共产党第十一届中央委员会第六次全体会议上通过《关于建国以来党的若干历史问题的决议》，该决议指出，一定范围的劳动者个体经济是公有制经济的必要补充。1982 年，党的十二大报告指出，在农村和城市，都要鼓励劳动者个体经济在国家规定的范围内和工商行政管理下适当发展，作为公有制经济的必要的、有益的补充。

民营经济特点：此阶段民营经济还处于社会主义公有制经济的补充地位。民营企业的发展始于乡镇企业和个体户的发展，由于缺乏资金和技术支持，大多数民营企业处于小规模、低技术水平和低效益的状态。

2. 发展阶段：1984—1992 年

政策支持：明确提出建设社会主义市场经济，以私营经济为主体的民营经济发展得到承认与鼓励。政府推出一系列措施，包括优化企业登记制度、减少行政干预、加强知识产权保护等，为民营经济创造更好的营商环境。1987 年，党的十三大报告指出，私营经济一定程度的发展，有利于促进生产，活跃市场，扩大就业，更好地满足人民多方面的生活需求，是公有制经济必要的和有益的补充。1988 年，在《中华人民共和国宪法修正案》中规定，国家允许私营经济在法律规定的范围内存在和发展。

民营经济特点：此阶段民营经济仍处于社会主义公有制经济的补充地位。一些具备实力和创新能力的民营企业逐渐崛起，通过自身努力，积累资金，引进技术和人才，逐渐扩大生产规模和产品市场份额。

3. 扩张阶段：1992—2000 年

政策支持：开始推动市场经济改革，民营经济发展从少到多，从弱到强，并进入快速国际化发展阶段。政府鼓励民营小微企业参与国有企业改革和城市基础设施建设。1992 年，党的十四大报告中明确提出，我国经济体制改革的目标是建立社会主义市场经济体制，同时指出，在所有制结构上，以公有制包括全民所有制和集体所有制经济为主体，个体经济、私营经济、外资经济为补充，多种经济成分长期共同发展。1997 年，党的十五大报告指出，公有制为主体、多种所有制经济共同发展，是我国社会主义初级阶段的一项基本经济制度，同时指出，非公有制经济是我国社会主义市场经济的重要组成部分，明确了非公有制经济的地位。

民营经济特点：此阶段民营经济逐步成为社会主义公有制经济的重要组成部分，而不再是重要补充。一些具备实力和创新能力的民营企业逐渐崛起，通过自身努力，积累资金，引进技术和人才，逐渐扩大生产规模和产品市场份额。

4. 市场化转型阶段：2000—2012 年

政策支持：着重推动经济结构调整和产业升级，推动知识经济和高技术产业的发展。政府提出鼓励创新、培育新兴产业、优化产业结构等政策，促进民营经济从劳动密集型向技术密集型、资本密集型转变。2002 年，党的十六大报告提出，必须毫不动摇地鼓励、支持和引导非公有制经济发展。2004 年，《中华人民共和国宪法修正案》指出，国家保护个体经济、私营经济的合法的权利和利益。2005 年，《国务院关于鼓励支持和引导个体私营等非公有制经济发展的若干意见》提出，放宽非公有制经济市场准入，贯彻平等准入、公平待遇原则；加大对非公有制经济的财税金融支持；完善对非公有制经济的社会服务；维护非公有制企业和职工的合法权益；引导非公有制企业提高自身素质；改进政府对非公有制企业的监管等。随着一系列鼓励民营经济的政策法规相继出台，民营经济获得了前所未有的良好发展环境。而后，随着市场准入大门的打开，民营经济开始向更多经济领域进军，进入良好发展阶段。2010 年，国务院发布《国务院关于鼓励和引导民间投资健康发展的若干意见》。

民营经济特点：此阶段民营企业只是数量多，国有经济在从业人员、注册资金等方面仍高于民营经济，这一阶段民营经济的主要力量依然在大中型企业上，而更宽松的市场准入为民营企业发展打开了大门。随着市场经济改革步伐的加快，民营企业迎来了更加有利的发展环境。同时，一些传统的国有企业经过改革也变成了民营企业，进一步推动了民营企业的发展。

5. 全面提升发展阶段：2012—2022 年

政策支持：着重推动经济结构调整和产业升级，加强知识经济和高技术产业的发展。进一步深化改革，全面推动经济体制改革。政府提出了一系列政策举措，包括简政放权、放宽市场准入、促进公平竞争等，为民营经济发展创造了更加开放和公平的市场环境。2012 年，党的十八大报告提出，毫不动摇鼓励、支持、引导非公有制经济发展。2013 年，《中共中央关于全面深化改革若干重大问题的决定》在中国共产党第十八届中央委员会第三次全体会议上通过，这标志着非公有制经济发展进入一个新阶段。《决定》明确指出，“国家保护各种所有制经济产权和合法利益，保证各种所有制经济依法平等使用生产要素、公开公平公正参与市场竞争、同等受到法律保护，依法监管各种所有制经济”，“坚持权利平等、机会平等、规则平等，废除对非公有制经济各种形式的不合理规定”，“国有资本、集体资本、非公有资本等交叉持股、相互融合的混合所有制经济，是基本经济制度的重要实现形式”，“国有资本投资项目允许非国有资本参股。允许混合所有制经济实行企业员工持股，形成资本所有者和劳动者利益共同体”，“鼓励非公有制企业参与国有企业改革，鼓励发展非公有资本控股的混合所有制企业”。2016年，中共中央、国务院发布《关于完善产权保护制度依法保护产权的意见》。2017年，党的十九大报告强调毫不动摇巩固和发展公有制经济，毫不动摇鼓励、支持、引导非公有制经济发展。

民营经济特点：此阶段，国有经济、民营经济发展的主要特点是混合生长。面对科技进步和全球化发展的背景，创新成为推动民营企业发展的重要驱动力。一些民营企业通过自主研发、技术转型和市场拓展，在高科技领域和新兴产业领域取得了长足的进步。同时，具备竞争力的民营企业开始走向国际市场，通过跨国合作和海外投资，开拓新的市场，提升企业的综合实力。

6. 高质量发展阶段：2022年至今

政策支持：针对传统产业的成长制约，致力于打造一个统一、开放、竞争有序的市场环境，确保所有参与方在透明、公平的基础上竞争；推进资源分配机制的市场化，旨在提升资源使用的效益与效率；持续消除不平等政策和规定，移除隐性市场障碍，通过最大化的市场开放、政策放宽和人才激活，充分释放民营经济的潜能与创造力。2022年，党的二十大报告明确提出，优化民营企业发展环境，依法保护民营企业产权和企业家权益，促进民营经济发展壮大。在2022年中央经济工作会议上，习近平总书记强调，从政策和舆论上鼓励支持民营经济和民营企业发展壮大。为提振民营经济发展信心，促进民营经济健康发展，党中央、国务院于2023年出台了《关于促进民营经济发展壮大的意见》，国家发展改革委等八部门于2023年联合印发了《关于实施促进民营经济发展近期若干举措的通知》等一揽子政策措施。

民营经济特点：此阶段，民营企业处于转型升级的关键期，需适应经济结构调整和产业转型升级的要求，积极探索创新发展路径，实现科技创新、品牌塑造和高质量发展。

（二）国家支持政策体系梳理

自改革开放以来，我国对于民营经济的支持力度不断增大，对于民营经济的保护从制度、法律、政策方面逐层落实，进一步促进了公有制经济和非公有制经济的公平竞争。特别是自党的十八大以来，我国持续巩固与完善社会主义基本经济制度，将“两个毫不动摇”纳入新时代坚持和发展中国特色社会主义的基本方略。从政策体系分类来看，我国对民营经济发展的促进措施基本分为以下四类：一是从法律和制度领域确定民营经济的市场地位；二是从金融基础市场设计领域促进银行体系商业化转型和证券市场不断发展完善；三是从财政税收领域进一步促进公有制经济和非公有制经济并轨发展；四是从市场准入和市场保护领域进一步开放非公有制经济进入和保障公平竞争（见表 1-1~ 表 1-4）。

表 1-1　关于民营经济发展的重大政策措施——市场地位确立

出台时间	政策要点	具体举措
1979 年	改革开放[1]	中国改革开放进程启动，鼓励个体经济和农村集体经济的发展
1980 年	个体工商正规化[2]	颁发第一张个体工商业营业执照
1986 年	鼓励外商投资	《国务院关于鼓励外商投资的规定》出台，保障外资在生产经营方面的自主权
1988 年	宪法修正案	确定了“允许私营经济在法律规定的范围内存在和发展”的经济发展思路
1988 年	民营经济合法化	《中华人民共和国私营企业暂行条例》出台，承认民营经济的合法地位，为民营小微企业提供了法律保障
1993 年	宪法修正案	用“社会主义市场经济”取代“计划经济”，确立“家庭联产承包为主的责任制”的法律地位
1996 年	鼓励外商投资	发布《关于执行〈中华人民共和国中外合作经营企业法实施细则〉若干条款的说明》（已废止），外商投资的三项基本法律得到了完善与充实
1998 年	进一步鼓励外商投资	中共中央、国务院发布了《关于进一步扩大对外开放 提高利用外资水平的若干意见》，继续把吸引外商直接投资作为利用外资的重点，该文件对继续引进外资以促进中国特色社会主义现代化发挥了重要的导向作用

[1] 郭桢．中华人民共和国大事记（1979 年）［EB/OL］．（2009-10-09）［2024-09-01］．https//www.gov.cn/test/2009-10/09/content_1434297.htm.

[2] 章华妹．【40 年 · 印记】中国第一位个体户的 6 件家庭大事［EB/OL］．（2018-08-25）［2024-08-17］．https//www.ccdi.gov.cn/yaowen/201808/t20180825_178436.html.

续表 1-1

出台时间	政策要点	具体举措
1999 年	宪法修正案	明确"坚持公有制为主体、多种所有制经济共同发展的基本经济制度"，确立了非公有制经济在社会主义市场经济中的地位
1999 年	个人独资合法化	《个人独资企业法》出台，确定了个人私营经济法律制度
2002 年	中小企业扶植	《中小企业促进法》出台，确立了在资金支持、创业扶持、技术创新、市场开拓、社会服务方面对中小企业的扶植
2004 年	个体工商户改革	《个体工商户登记程序规定》出台，个体工商户登记注册程序精简
2005 年	促进民营经济发展	《国务院关于鼓励支持和引导个体私营等非公有制经济发展的若干意见》出台，放宽市场准入、维护合法权益、改进监管体系、加强政策协调
2006 年	清理限制民营经济规定	《国务院法制办公室、国家发展和改革委员会关于开展清理限制非公有制经济发展规定的通知》出台
2010 年	拓宽民营经济投资领域	《国务院关于鼓励和引导民间投资健康发展的若干意见》出台，拓宽民间投资领域、鼓励民间资本重组联合和参与国企改革
2017 年	坚持两个毫不动摇[1]	党的十九大报告把"两个毫不动摇"写入新时代坚持和发展中国特色社会主义的基本方略，作为党和国家的一项大政方针进一步确定下来
2019 年	优化营商环境	《优化营商环境条例》出台，要求"商业银行等金融机构在授信中不得设置不合理条件，不得对民营企业、中小企业设置歧视性要求"

表 1-2　关于民营经济发展的重大政策措施——金融改革支持

出台时间	政策要点	具体举措
1993 年	金融体制改革	《国务院关于金融体制改革的决定》出台，我国商业银行体制雏形确立
2004 年	中小板创立	深圳证券交易所中小企业板创立
2007 年	邮政储蓄体制改革	中国邮政储蓄银行正式成立，成为全国城乡网点面最广、交易额最多的个人金融服务银行
2008 年	创业投资引导基金规范发展	《关于创业投资引导基金规范设立与运作的指导意见》出台，支持创新创业项目，促进民营经济创新
2014 年	民营银行初创	银监会于 2014 年启动了民营银行试点工作，允许民营资本设立银行，提供金融服务，满足民营企业融资需求
2019 年	科创板创立	在上海证券交易所设立科创板并试点注册制
2019 年	加强金融服务	《关于加强金融服务民营企业的若干意见》出台，以支持民营企业融资
2019 年	促进中小企业融资	《关于促进中小企业健康发展的指导意见》出台，鼓励民营中小企业债券融资、股权融资
2021 年	北交所成立	北京证券交易所成立，成为服务创新型中小企业的主阵地

[1] 邹多为．总书记讲话中提到的"两个毫不动摇""三个没有变""两个健康"[EB/OL]．(2023-03-08)[2024-08-16]．https//www.rmzxb.com.cn/c/2023-03-08/3307626.shtml.

表 1-3　关于民营经济发展的重大政策措施——财政税收政策

出台时间	政策要点	具体举措
1993 年	不同所有制内资企业所得税统一	《中华人民共和国企业所得税暂行条例》出台，初步解决了不同所有制的内资企业在所得税方面公平税负的问题
2007 年	两税合一	《企业所得税法》出台，不再区分企业资本构成，至此各类经营主体的应税所得均应课征企业所得税
2016 年	增值税改革	《财政部 税务总局关于全面推开营业税改征增值税试点的通知》出台，调整民营企业税负结构
2017 年	定向税收优惠	《财政部 税务总局关于扩大小型微利企业所得税优惠政策范围的通知》出台，《通知》指出，自 2017 年 1 月 1 日至 2019 年 12 月 31 日，将小型微利企业的年应纳税所得额上限由 30 万元提高至 50 万元，对年应纳税所得额低于 50 万元（含 50 万元）的小型微利企业，其所得减按 50% 计入应纳税所得额，按 20% 的税率缴纳企业所得税
2018 年	进一步支持和服务民营经济发展	《国家税务总局关于实施进一步支持和服务民营经济发展若干措施的通知》出台，从落实完善政策、优化营商环境、开展精准帮扶、规范税收执法和组织实施五个方面提出了二十二条具体措施
2018 年	取消 20 项税务	《国家税务总局关于取消 20 项税务证明事项的公告》出台，取消 20 项税务证明，以精简压缩办税资料。进一步清理税务证明事项和精简涉税资料报送
2021 年	符合要求的小型微利企业和个体工商户所得税减半	《国家税务总局关于落实支持小型微利企业和个体工商户发展所得税优惠政策有关事项的公告》指出，对小型微利企业年应纳税所得额不超过 100 万元的部分，减按 12.5% 计入应纳税所得额，按 20% 的税率缴纳企业所得税；对个体工商户经营所得年应纳税所得额不超过 100 万元的部分，在现行优惠政策基础上，再减半征收个人所得税。个体工商户不区分征收方式，均可享受
2022 年	“六税两费”减免	《国家税务总局有关于进一步实施小微企业“六税两费”减免政策有关征管问题的公告》指出，对小型微利企业的资源税、城市维护建设税、房产税、城镇土地使用税、印花税（不含证券交易印花税）、耕地占用税和教育费附加、地方教育附加进行减免
2022 年	大规模留抵退税	2022 年向民营经济集中的小微企业和制造业等行业加大增值税期末留抵退税实施力度，全年实施增值税留抵退税超 2.3 万亿元
2023 年	落实系列减税降费政策	《国家税务总局关于接续推出和优化“便民办税春风行动”措施促进民营经济发展壮大服务高质量发展的通知》指出，从便利税费管理、改进诉求响应等方面改进税务系统对民营经济发展的支持

表 1-4　关于民营经济发展的重大政策措施——营商环境优化

出台时间	政策要点	具体举措
2014 年	商事制度改革	《注册资本登记制度改革方案》出台，商事制度改革正式拉开序幕

续表 1-4

出台时间	政策要点	具体举措
2015 年	实施“证照合一”改革	实施企业工商营业执照、组织机构代码证、税务登记证“三证合一”
2016 年	公平竞争审查	《国务院关于在市场体系建设中建立公平竞争审查制度的意见》出台，要求“建立公平竞争审查制度，防止政府过度和不当干预市场”
2016 年	“双随机、一公开”	全国工商行政管理和市场监管部门全面实施“双随机、一公开”监管
2019 年	政务公开	《中华人民共和国政府信息公开条例》出台，要求“办理行政许可依规公开”
2022 年	建设统一大市场	《中共中央 国务院加快建设全国统一大市场的意见》出台，要求“加快清理废除妨碍统一市场和公平竞争的各种规定和做法”
2022 年	市场准入公开	推行“全国一张负面清单”，推动“非禁即入”普遍落实

二、民营企业发展现状

推动经济高质量发展，民营经济是关键力量。民营经济在推动供给侧结构性改革、实现高质量发展、构建现代化经济体系等方面具有重要作用。因此，我国的民营经济只能壮大、不能弱化，不仅不能“离场”，而且要走向更加广阔的舞台。要正确认识和解决当前民营企业发展遇到的困难和问题，客观总结和分析我国民营企业发展现状。

（一）民营经济“五六七八九”特征

习近平总书记用“具有‘五六七八九’的特征”来高度评价民营经济在当今中国的地位与作用。有大量数据能够证明这一判断的正确性。①民营经济以占用不到 30% 的国家矿产资源和政府科技资源、不到 40% 的国家金融资源，创造了全国 50% 以上的投资、税收和出口，创造了 60% 以上的 GDP、70% 以上的科技创新和新产品、80% 以上的城镇就业、90% 以上的经营主体。②有关数据显示，2022 年，民营企业占全国企业法人总量的 98%，总数近 5000 万户；民营企业资产占全国企业资产的 50% 左右；民间投资占全国投资的近 55%；民营经济就业占城镇就业的 80% 以上；民营企业营业收入占工业企业营业收入的近 60%；民营企业利润占工业企业利润的 55% 左右；民营企业出口额占全国出口总额的 60% 左右；民营经济税收占全国税收的 57%；民营企业研发投入占全国企业总研发投入的 60% 左右；民营企业效益总体好于全国企业。③根据 2024 年 6 月发布的《国务院关于促进民营经济发展情况的报告》，2012—2023 年，民营企业占全国企业总量的比重由 79.4% 提高至 92.3%，个体工商户由 4000 余万户增加至 1.24 亿户。2012—2023 年，民营企业进出口额年均增长 11.1%，占全国进出口总额的比重由 30% 左右增长至 50% 以上。2019 年开始，民营企业成为我国第一大外贸经营主体。

（二）经营主体数量

从数量上来看，民营企业从 2012 年的 1085.7 万户增加至 2023 年的 5300 多万户，十多年间翻了两番多，占企业总量的 92.3%。根据中国经济普查数据，我国民营企业市场已经成为我国经营主体中最为庞大的组成部分。民营企业数量占内资企业总量的比重呈现波动上升的趋势，由 2004 年的 40% 上升至 2023 年的 92%（见图 1–1）。

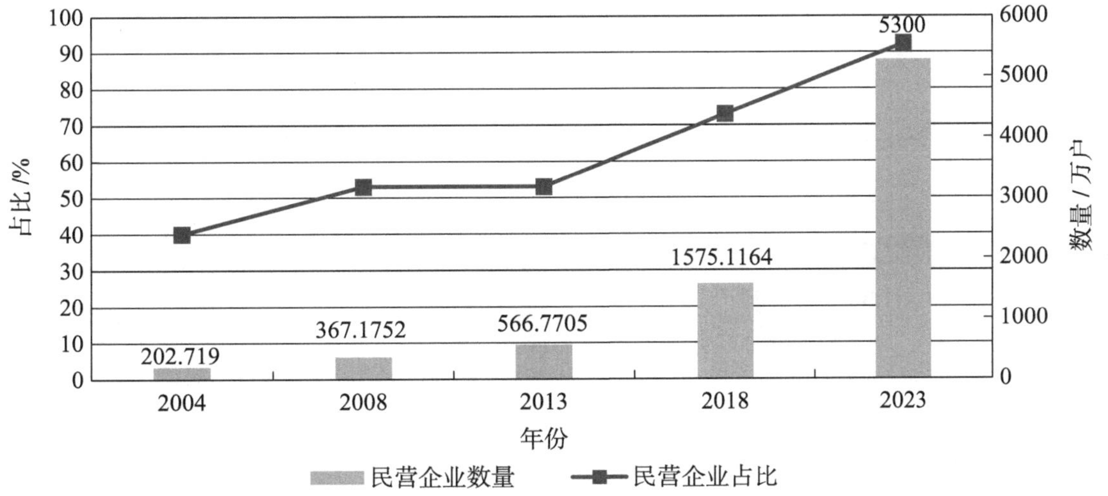

图 1–1 民营企业数量及占内资企业数量的比重

数据来源：中国经济普查数据。

（三）营业收入与规模

通过汇总民营企业 500 强的相关财务数据，自 2013 年以来，民营企业 500 强营业收入总额及其资产总额均呈现递增态势，且资产总额的增幅要远大于营业收入总额（见图 1–2）。从民营企业 500 强的营业收入结构来看，2020—2022 年，年营业收入在 100 万 ~500 万元的企业数量递减；年营业收入在 500 万 ~1000 万元以及 1000 万元以上的企业数量均呈现递增态势（见图 1–3）。这也进一步说明我国民营企业的营业收入规模在逐步扩大。

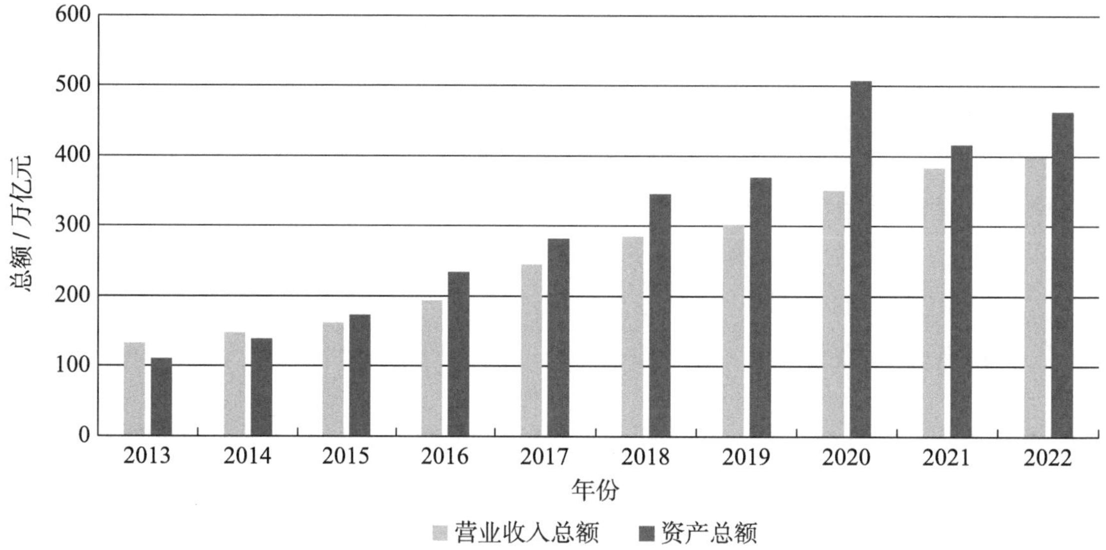

图 1–2　民营企业 500 强营业收入与资产总额

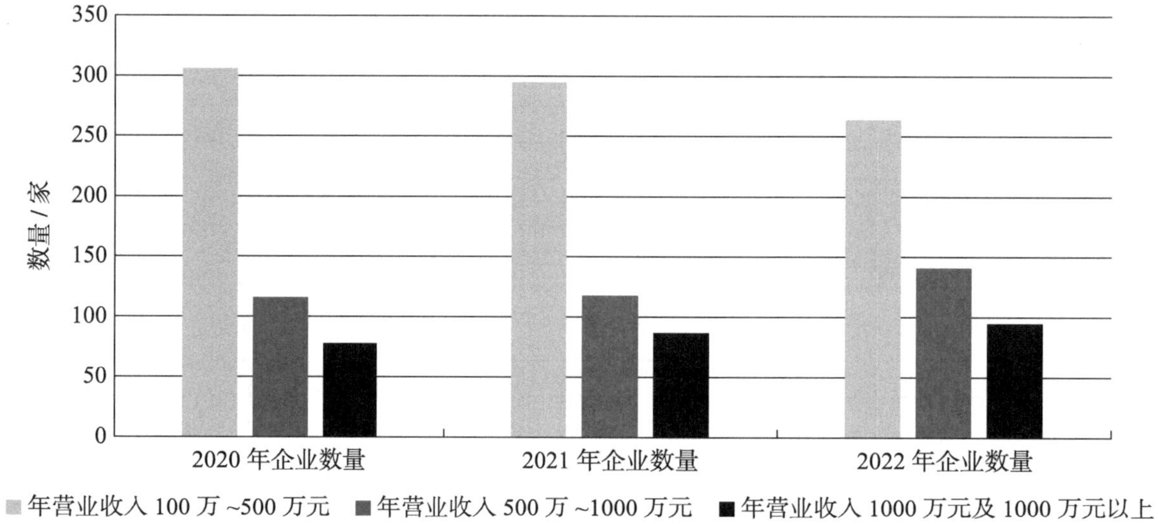

图 1–3　民营企业 500 强营业收入结构

（四）利润总额

以统计局持续跟踪的工业企业利润总额为代表进行分析，我国工业企业中民营企业的利润总额规模呈现跨越式增长的发展态势，2022 年民营工业企业利润总额超 2.5 万亿元，占内资企业的比重从 2000 年的 6% 上升至 2022 年的 40%（见图 1–4）。

从中华全国工商业联合会（以下简称全国工商联）的统计数据来看，2022 年民营企业 500 强中销售净利率超过 10% 的行业共有 6 个，其中，软件和信息技术服务业的企业数量最多，营业收入及税后净利润最高；皮革、毛皮、羽毛及其制品和制鞋业的企业数量仅有一家，营业收入为 536.51 亿元，税后净利润为 82.45 亿元，其销售净利润率排名第三（见表 1–5）。2022 年民营企业 500 强中销售净利润率不足 2% 的行业共有 9 个，其中，黑色金属冶炼和压延加工业企业数量最多，营业收入及税后净利润最高；航空运输业的企业仅有一家，营业收入为 438.52 亿元，税后净利润和销售净利率均为负值（见表 1–6）。

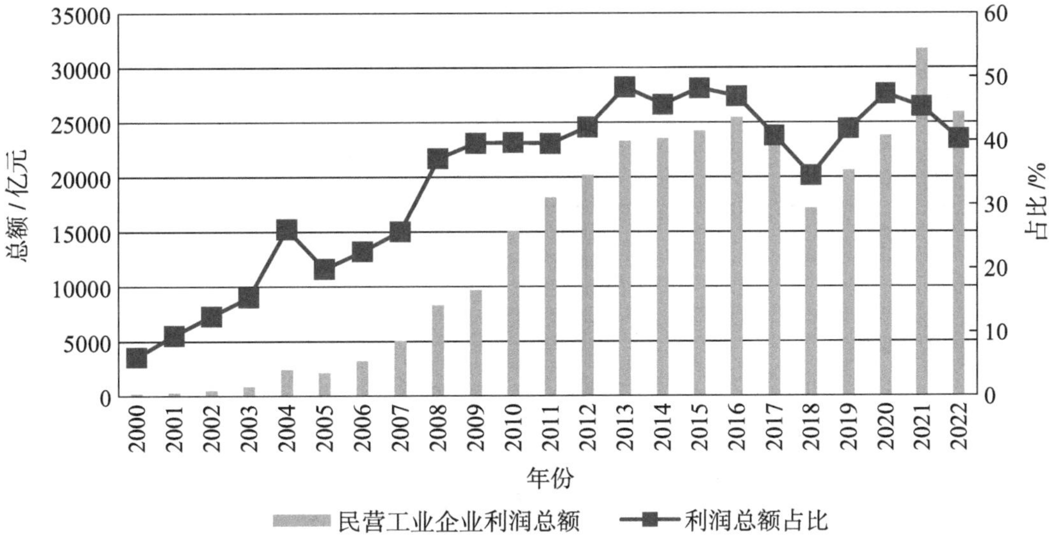

图 1–4　民营工业企业利润总额及其占内资工业企业利润总额的比重

数据来源：万得资讯数据库。

表 1–5　2022 年民营企业 500 强中销售净利润率超过 10% 的行业

所属行业	企业数量 / 家	营业收入 / 亿元	税后净利润 / 亿元	销售净利润率 /%
货币金融服务	1	1424.76	357.77	25.11
煤炭开采和洗选业	4	1774.62	366.80	20.67
皮革、毛皮、羽毛及其制品和制鞋业	1	536.51	82.45	15.37
软件和信息技术服务业	6	3003.69	390.61	13.00
铁路、船舶、航空航天和其他运输设备制造业	3	1285.05	158.34	12.32
通用设备制造业	4	1897.12	218.38	11.51

数据来源：全国工商联

表 1–6　2022 年民营企业 500 强销售净利润率不足 2% 的行业

所属行业	企业数量 / 家	营业收入 / 亿元	税后净利润 / 亿元	销售净利润率 /%
黑色金属冶炼和压延加工业	68	56479.86	1111.81	1.97
石油、煤炭及其他燃料加工业	24	20893.78	367.62	1.76

续表 1-6

所属行业	企业数量 / 家	营业收入 / 亿元	税后净利润 / 亿元	销售净利润率 /%
金属制品业	12	5284.83	90.07	1.70
造纸和纸制品业	5	2940.74	41.74	1.42
批发业	31	16681.59	179.20	1.07
商务服务业	12	6629.04	67.15	1.01
化学纤维制造业	9	9905.57	85.65	0.86
农业	2	3110.61	–3.44	–0.11
航空运输业	1	438.52	–145.45	–33.17

数据来源：全国工商联。

（五）投资额度

从投资贡献来看，每年新增的民间固定资产投资完成额从 2004 年的 1.8 万亿元增长到了 2022 年的 31 万亿元，近年来虽然规模有所下降，但依然占全部新增固定资产投资的 50% 以上，是我国经济增长中投资驱动引擎的重要牵引力（见图 1-5）。

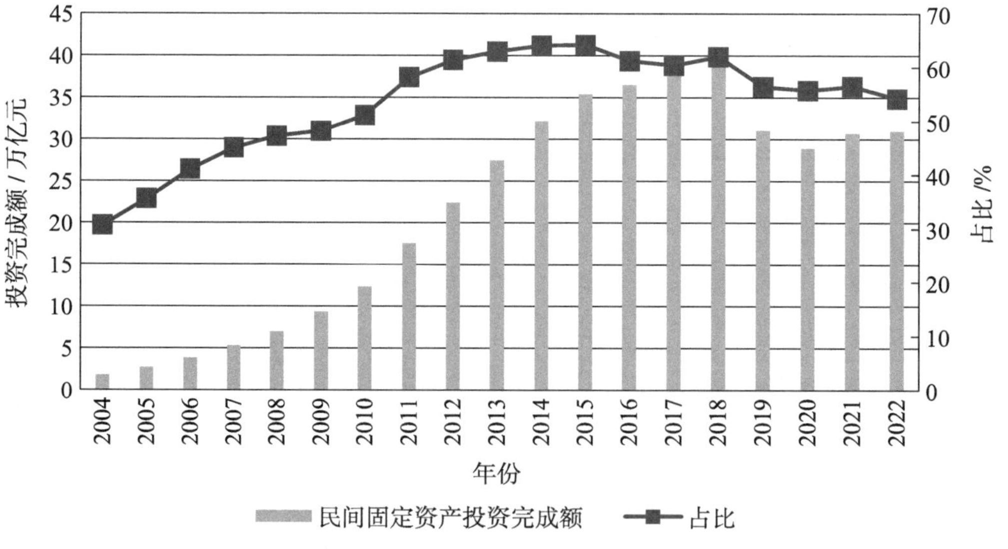

图 1-5　新增民间固定资产投资总额及其占全国固定资产投资额的比重

数据来源：万得资讯数据库。

从企业投资增速变化趋势来看，民营企业投资增速、国有企业投资增速和全国企业投资增速均呈下降趋势，自 2019 年以来，国有企业投资增速要略高于民营企业投资增速，民间投资虽然表现出了一定的疲软状态，但整体增长的趋势依然存在（见图 1-6）。

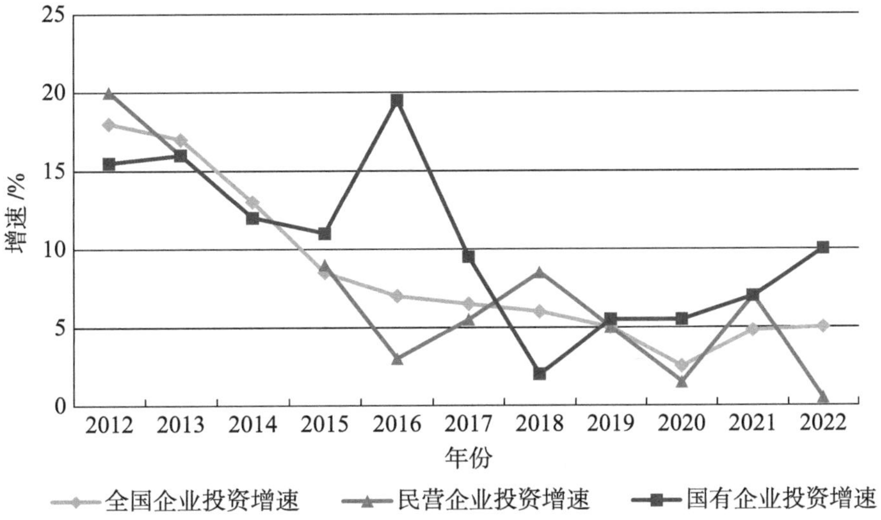

图 1–6　企业投资增速变化

数据来源：万得资讯数据库。

（六）就业人数

狭义而言，民营经济包括私营企业和个体工商户两类经营主体（混合所有制和外资企业除外）[1]。自进入 21 世纪以来，民营经济对就业民生的贡献占比稳步增加，从 2000 年的合计不足 15%，增长到 2019 年的 58%，民营经济提供的就业岗位已超 2.6 亿个，成为支撑居民就业的最主要渠道（见图 1–7）。

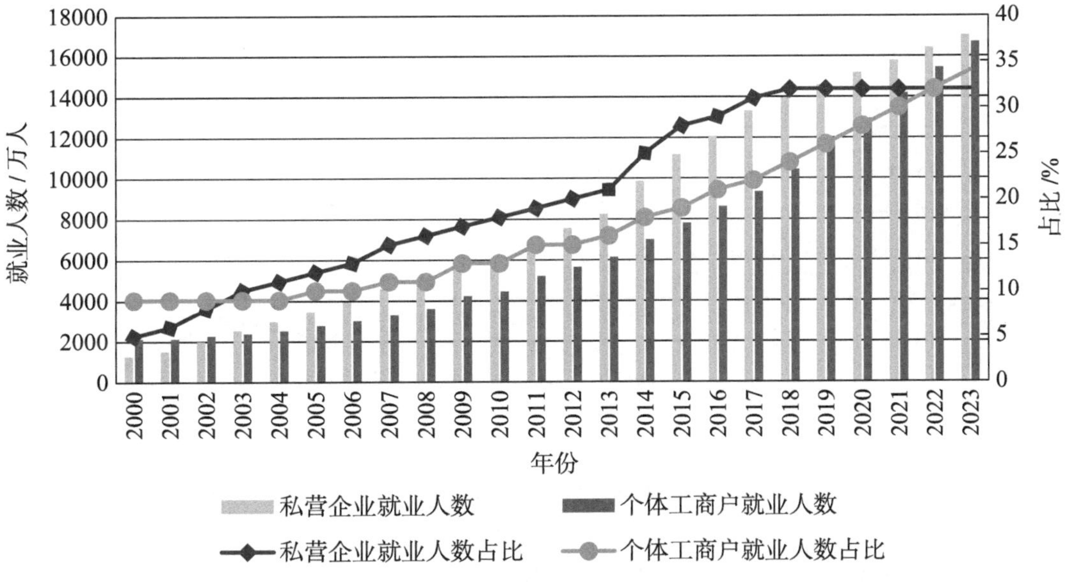

图 1–7　私营企业和个体工商户就业人数及其占城镇就业人数的比重

数据来源：万得资讯数据库；2020—2023 年数据由作者根据历史数据推算而得。

[1] 郭朝先，李成禅．新中国成立 70 年来我国民营企业发展成就及未来高质量发展策略［J］．企业经济，2019（9）14–23.

自 2012 以来，非国有企业城镇就业人数稳步增加，占城镇总就业人数的比重也呈增长态势。非国有企业城镇就业人数占城镇总就业人数的比重从 2012 年的 81.5% 增长到 2021 年的 88%，非国有企业城镇就业人数已超过 4 亿人，成为吸纳就业的主体（见图 1–8）。

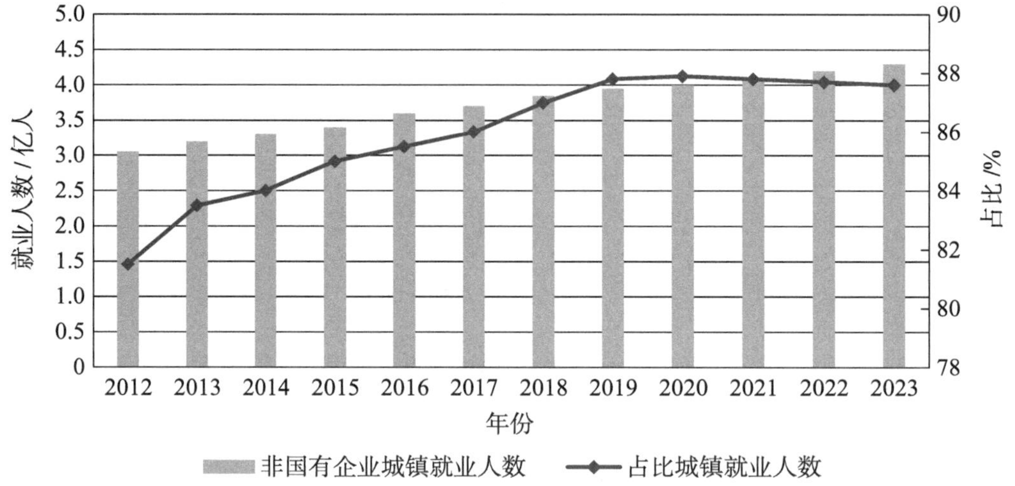

图 1–8　2012—2023 年非国有企业城镇就业人数及其占城镇就业人数的比重

数据来源：万得资讯数据库、国金证券研究所；2022—2023 年数据是作者根据历史数据推算而得。

（七）税收份额

从税收贡献来看，民营企业所贡献的税收额从 2015 年的 7 万亿元增长到了 2021 年的 11 万亿元，在 2022 年降至 9 万亿元左右；民营企业税收占全国总税收的比重为 56.9%，民营企业税收是我国财政税收的重要来源之一（见图 1–9）。

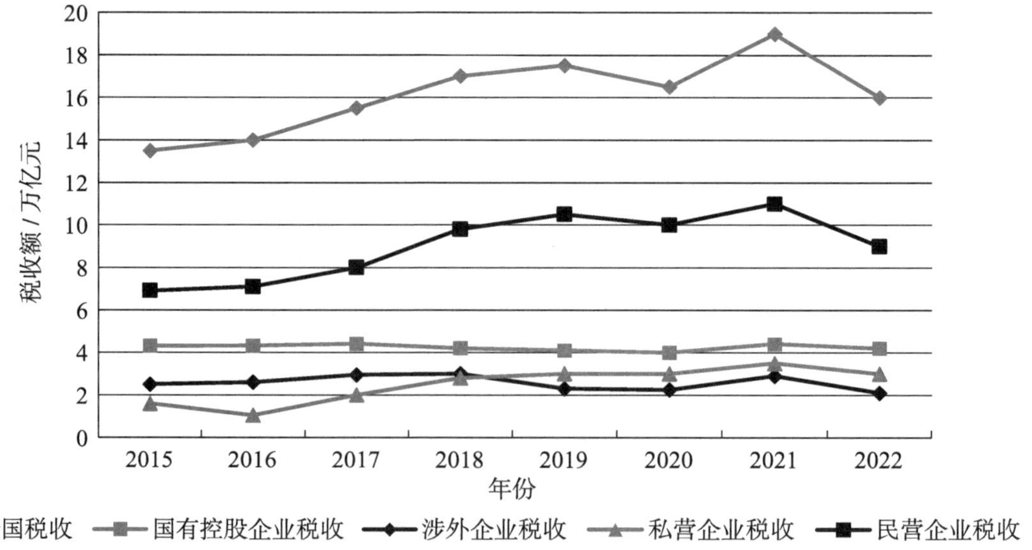

图 1–9　全国及各类企业税收变化

从民营企业500强纳税结构来看，2020—2022年，纳税额在1亿~10亿元的企业数量最多，占500强企业纳税总额的比重为40.40%~45.20%；纳税额大于20亿元的企业数量为151~161家，占500强企业纳税总额的比重为30%左右；纳税额小于1亿元的企业数量为22~32家，仅占500强纳税总额的4.4%~6.4%（见表1–7）。

表1–7　2020—2022年民营企业500强纳税额结构分布

纳税额/亿元	2020年		2021年		2022年	
	企业数量/家	占500强企业纳税总额的比重/%	企业数量/家	占500强企业纳税总额的比重/%	企业数量/家	占500强企业纳税总额的比重/%
>20	151	30.20	161	32.20	156	31.20
>10~20	98	19.60	110	22.00	110	22.00
1~10	226	45.20	207	41.40	202	40.40
<1	23	4.60	22	4.40	32	6.40
合计	498	99.60	500	100.00	500	100.00

数据来源：全国工商联。

从民营企业500强纳税行业来看，2021—2022年间，黑色金属冶炼和压延加工业，互联网和相关服务业以及石油、煤炭及其他燃料加工业始终位于民营企业500强纳税榜单前五名。2021年在榜的房地产业，计算机、通信和其他电子设备制造业在2022年被电气机械和器材制造业以及汽车制造业替代（见表1–8、1–9）。

表1–8　2021年民营企业500强纳税前五大行业情况

排名	所属行业	纳税总额/亿元	入围企业数量/家	户均纳税额/亿元	占500强企业纳税总额的比重/%
1	房地产业	2937.60	25	117.50	21.50
2	计算机、通信和其他电子设备制造业	1281.44	27	47.46	9.38
3	黑色金属冶炼和压延加工业	1054.76	65	16.23	7.72
4	互联网和相关服务	105132.00	15	70.09	7.69
5	石油、煤炭及其他燃料加工业	875.48	25	35.02	6.41

数据来源：全国工商联。

表 1-9　2022 年民营企业 500 强纳税前五大行业情况

排名	所属行业	纳税总额 / 亿元	入围企业数量 / 家	户均纳税额 / 亿元	占 500 强企业纳税总额的比重 /%
1	石油、煤炭及其他燃料加工业	1326.59	24	55.27	10.60
2	电气机械和器材制造业	1084.45	33	32.86	8.66
3	互联网和相关服务	993.28	17	58.43	7.94
4	汽车制造业	902.12	9	100.24	7.21
5	黑色金属冶炼和压延加工业	861.40	68	12.67	6.88

数据来源：全国工商联。

（八）行业分布变迁

从行业分布变迁来看，我国民营经济从木材加工、纺织业、农副食品加工业等中下游行业，逐渐向上游原材料和设备制造行业迁移转型。当前，我国专精特新“小巨人”企业中，民营企业占比在 95% 左右，民营企业的行业分布变迁显示出了我国民营经济在“质”上的长足进展。从行业分布来看，虽未公布 2022 年各行业的具体数量，但第二产业入围企业较上年增加 17 家；制造业企业依然保持主导地位，为 322 家，黑色金属冶炼和压延加工业、电气机械和器材制造业、批发业仍位居前列。

（九）产业分布变迁

从产业分布变迁来看，2018—2023 年，我国民营经济主要集中在第二产业，其次是第三产业，第一产业的占比最少。通过工业和信息化部对第五批国家专精特新“小巨人”企业的画像分析，从产业维度上看，新兴产业占比增多。其中，新一代信息技术、高端装备制造、新材料和新能源领域占比位列前四，合计占比达 79.4%，高于前四批平均合计占比 20.7 个百分点。具体到细分领域，电子核心产业、智能制造装备、先进石化化工新材料、下一代信息网络和人工智能合计占比达 51.9%，高于前四批平均合计占比 15.5 个百分点。由于民营企业占我国专精特新“小巨人”企业的 95% 左右，上述产业分布也进一步体现了我国民营企业的产业分布特征，显示出民营经济在我国创新制造发展过程中的重要地位。

（十）投融资来源变化

从融资方式变化来看，2021—2022 年，民营企业 500 强的债务融资主要是通过银行贷款，依靠银行贷款进行债务融资的企业数量占存在债务融资行为的企业的比重从 2021 年的 71.95% 上升至 2022 年的 89.27%，占 500 强企业的比重为 65% 左右。通过企业债券、融资租赁等直接融资行为进行融资的企业数量占 500 强企业的比重不足 40%。这进一步说明，我国民营企业融资依然以银行贷款等间接融资方式为主，直接融资所占的比重依然很低。

从民营企业新增投资的资金来源来看，2018—2022 年，民营企业主要依靠自有资金作为新增投资资金来源，其次是银行贷款，其他依次为资本市场融资、引入战略投资者、政策性资金和民间借贷。从图 1–10 可以看到，依靠自有资金的企业数量基本维持稳定；依靠银行贷款的企业数量虽然呈现轻微下降趋势，但整体企业数量仍远高于使用资本市场融资等资金来源的企业数量。2022 年，依靠资本市场融资、引入战略投资者、政策性资金和民间借贷等资金来源的企业数量较上年增加或持平。这说明我国直接融资发展还相对比较落后，还未充分发挥其对我国民营企业发展的推动作用。

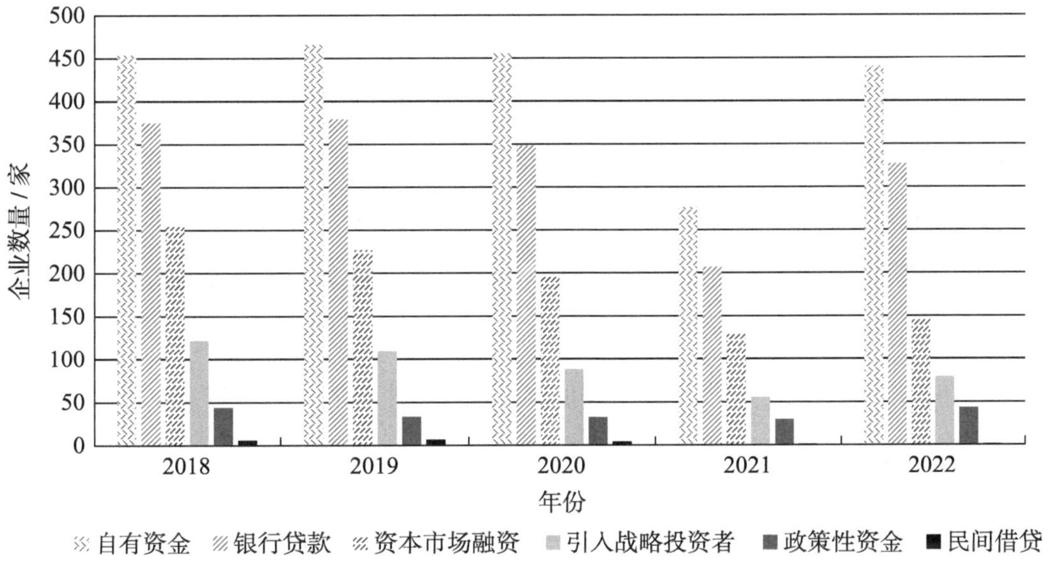

图 1–10　民营企业新增投资的资金来源

从民营企业 500 强上市情况来看，2020—2022 年，在境外上市的民营企业数量虽然整体最多，但呈现逐年下降态势，直至 2022 年主板上市企业数量高于境外上市数量 3 家。在主板上市的民营企业数量呈现整体上升趋势，由 2020 年的 12 家上升至 2022 年的 14 家。科创板上市的民营企业数量整体维持在 6 家；2022 年中小板上市民营企业相比 2020 年增加 1 家；创业板上市的民营企业数量呈现增长趋势；新三板上市的民营企业数量整体维持在 2 家左右；仅有一家民营企业于 2021 年在北京证券交易所上市。这进一步说明，我国民营企业整体能力仍然较弱，应该进一步采取措施优化和指导民营企业通过在科创板、新三板等上市，达到融资、发展的目的（见图 1–11）。

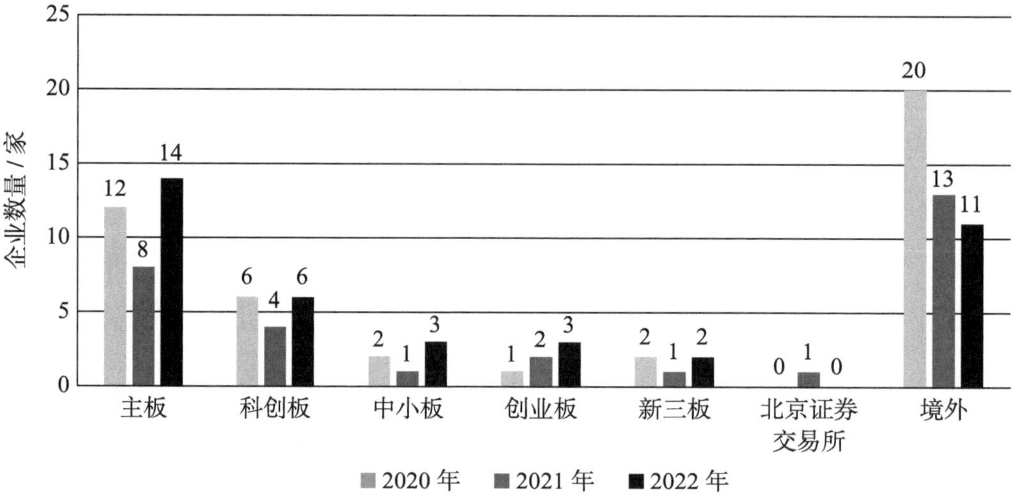

图 1-11 民营企业 500 强上市情况

（十一）科技成果转化及资金来源

从民营企业专利申请数来看，2012—2021 年，民营企业专利申请数呈现上升趋势，且民营企业专利申请数占总专利申请数的比重超过五成。这说明民营企业在推动科技创新、走新型工业化道路、发展新质生产力上起到了举足轻重的作用。据全国工商联发布的《中国民营企业社会责任报告（2023）》，2022 年民营企业专利申请数、发明专利数、有效发明专利数占比均在 80% 左右，且在 2022 年我国发明专利授权量前 10 名企业中，有 7 家为民营企业，且前 2 名均为民营企业。

从 2020—2022 年民营企业 500 强科技成果转化资金来源看，自筹资金、银行贷款和政策性资金是其主要来源（见表 1-10）。

表 1-10 2020—2022 年民营企业 500 强科技成果转化资金来源情况

资金来源	2020 年			2021 年			2022 年		
	企业数量 / 家	占填报企业的比重 /%	占 500 强企业的比重 /%	企业数量 / 家	占填报企业的比重 /%	占 500 强企业的比重 /%	企业数量 / 家	占填报企业的比重 /%	占 500 强企业的比重 /%
自筹资金	409	95.34	81.80	426	95.73	85.20	432	96.43	86.40
政策性资金	104	24.24	20.80	119	26.74	23.80	118	26.34	23.60
银行贷款	130	30.30	26.00	124	27.87	24.80	112	25.00	22.40
合作方资金投入	69	16.08	13.80	55	12.36	11.00	54	12.05	10.80

续表 1–10

资金来源	2020 年			2021 年			2022 年		
	企业数量 / 家	占填报企业的比重 /%	占 500 强企业的比重 /%	企业数量 / 家	占填报企业的比重 /%	占 500 强企业的比重 /%	企业数量 / 家	占填报企业的比重 /%	占 500 强企业的比重 /%
风险投资公司投入	7	1.63	1.40	6	1.35	1.20	5	1.12	1.00
以上均是	14	3.26	2.80	13	2.92	2.60	8	1.79	1.60

数据来源：全国工商联。

（十二）地区分布

从区域分布来看，民营企业 500 强多集中于经济较发达的东部地区，59.8% 的民营企业 500 强分布于此，其他地区依次为中部、西部和东北地区，民营企业 500 强的地域差异显著。从省域分布上看，民营企业 500 强数量排名前三的省份依次是浙江、江苏和山东，三省合计 500 强企业占全国民营企业 500 强总量的近二分之一。民营企业 500 强之所以在以上地区分布广泛，除了与区域经济发展水平相关外，与政策支持、营商环境、金融支持、产业基础等因素同样密不可分（见图 1–12）。

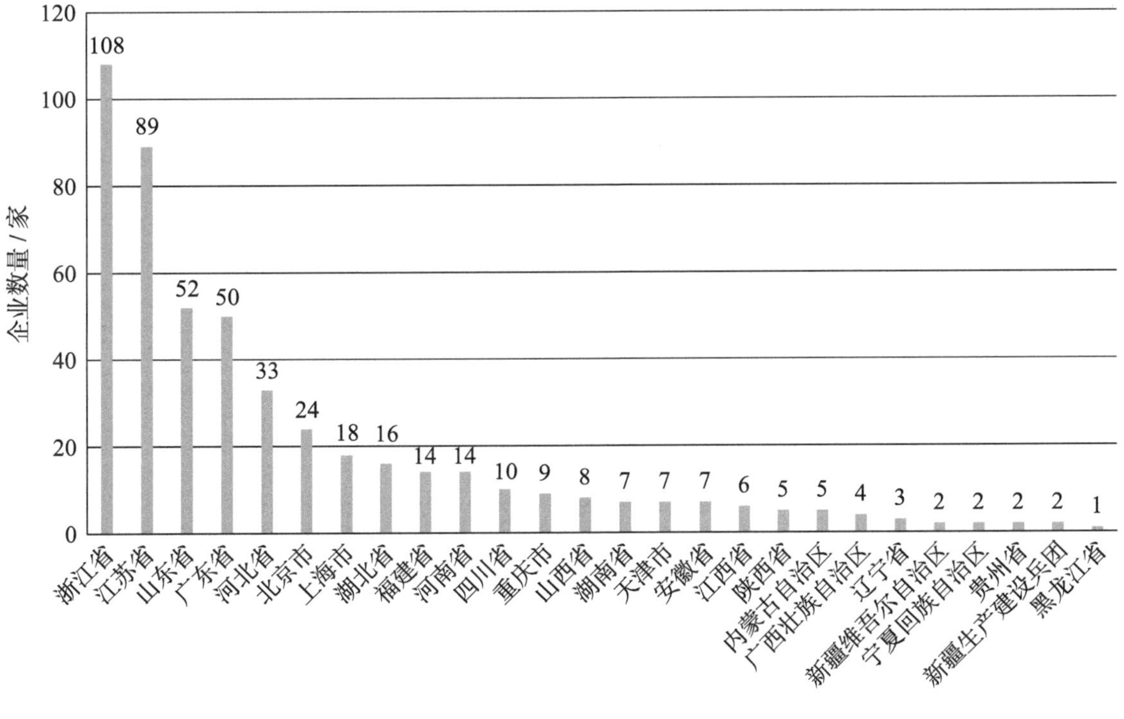

图 1–12　2023 年民营企业 500 强地区分布

综合来看，民营经济是国民经济的重要组成部分，是和谐社会的重要建设力量，是产业转型的重要动力来源，也是市场竞争的重要参与主体和科技创新的重要驱动因素[1]。我国民营经济发展质量不断提高，越来越多的民营企业进入高新技术领域，部分企业已经在高新技术、新业态等细分领域处于领跑地位。一些民营企业坚持自主创新，瞄准高端市场，推出具有较高科技含量的产品和服务，在推进供给侧结构性改革方面进行了成功探索，有效满足了社会需求。未来，民营企业将继续在创新、协调、绿色、开放、共享等方面取得新进展，为国家经济发展作出更大贡献。

[1] 王海兵，杨蕙馨．中国民营经济改革与发展 40 年：回顾与展望［J］．经济与管理研究，2018，39（4）：3–14.

第二章
民营企业发展的理论基础

民营经济是国民经济和社会发展的生力军，是构建现代化经济体系、推动经济高质量发展的重要力量，民营企业发展问题持续受到党中央和国务院的高度关注。2018 年 11 月，习近平总书记在民营企业座谈会上的讲话中特别强调了民营经济的重要性，并提出要从减轻税费负担、缓解融资约束等多方面支持民营企业发展。2021 年 12 月，《“十四五”促进中小企业发展规划》发布，对我国未来民营中小企业发展目标和政策方向作出了远景规划，提出了坚持创业兴业，激发市场活力、坚持创新驱动，提升发展质量、坚持绿色集约，促进协同发展以及坚持分类指导等。2023 年 7 月发布的《中共中央 国务院关于促进民营经济发展壮大的意见》进一步指出要优化民营经济发展环境，依法保护民营企业产权和企业家权益，全面构建亲清政商关系，引导民营企业不断提升发展质量。

民营经济发展优化了社会资源配置，提高了经济效率，改善了人民生活。当民营经济发展良好时，整个社会的活力更足，经济增长更快，就业质效更高。可以说，民营经济是推进中国式现代化和经济高质量发展的重要基础，是推动我国全面建成社会主义现代化强国、实现第二个百年奋斗目标的重要力量。

一、关于民营企业发展作用的经济学理论

（一）生命周期理论

企业的生命周期指的是一家企业在市场中从最初诞生到逐渐消亡的过程，通常可以分为四个阶段：创业期、成长期、成熟期和衰退期。1972 年哈佛大学教授拉瑞·葛雷纳对企业组织行为进行了较为全面的研究和总结，并提出了企业成长和发展的周期模型，被视为生命周期理论的开

端。生命周期理论提供了一个有用的框架，可以帮助我们理解民营企业在不同发展阶段所面临的挑战和需求，而民营企业扶持政策可以被解释为一种对企业生命周期不同阶段需求的响应。

在企业的早期阶段，特别是刚刚创立的初创期，企业通常需要大量的资金用于产品开发和市场推广等工作。这一阶段企业通常处于亏损状态，需要资金支持来维持运营和发展。政府可以通过提供创业投资、税收减免、技术支持等方式，帮助企业渡过初创期，为其发展奠定基础。

在企业逐渐成长壮大的成长阶段，民营企业可能需要更多的资金用于扩大生产规模、拓展市场和提升管理水平等。这一阶段的企业盈利能力逐步增强，但盈利增长一般不足以覆盖进一步抢占市场份额、提高核心竞争力所需的成本，且企业内部现金流通常滞后于投资需求，企业存在较大的资金缺口。处于成长阶段的公司通常具有较高的投资风险，导致资金提供方在投资时表现得更为审慎。在这种情况下，企业对于资金的强烈需求与其有限的融资能力之间形成了鲜明对比，导致这些企业在融资过程中遭到显著的约束。针对处于这一阶段的企业，政府可以为其提供融资担保服务，降低企业融资成本，帮助企业获取更多的发展资金。

当企业进入成熟阶段时，企业的主要业务已经稳定下来，产品销售额保持在较高的水平，有更稳定的现金流和更丰富的管理经验。这类企业为巩固行业地位、进一步扩大市场份额，往往具有更强的自主创新意愿，愿意选择投入资金大、回报周期长的项目，而这类项目往往对税收政策更加敏感。政府可以通过提供技术创新支持、市场开拓支持等政策，帮助企业在激烈的市场竞争中保持竞争优势。例如，政府可以设立技术创新基金或者制定与研发投入相关的税收优惠政策，支持企业进行技术研发，提高产品竞争力；也可以通过贸易政策支持企业开拓国际市场，增加出口收入。

在企业发展的衰退或转型阶段，可能会面临市场需求下滑、产能过剩等问题。如果不能及时调整生产策略以应对需求变化，企业则可能走向衰退。政府可以通过提供转型升级的支持政策，帮助企业进行技术改造、产品升级，以应对市场需求变化，延续企业生命周期。

由于不同生命周期阶段企业面临的发展约束不同，同一政策对处于不同阶段的企业的影响也会存在差异。生命周期理论为进一步完善民营企业扶持政策提供了新的思路，政府在制定扶持政策时应当充分考虑企业的类型以及所处的生命周期阶段，以提高补贴的精准性，更好地发挥财政补贴对企业研发创新的激励作用并满足企业的阶段发展需求。

（二）国企民企互补理论

国企民企互补理论认为国有企业和民营企业各自具有独特的优势，并能够相互补充，共同促进经济发展。我国将“公有制为主体、多种所有制经济共同发展”作为基本经济制度，国有企业和民营企业都是市场的参与者。在谈及民营企业发展时，一个不可忽略的存在就是国有企业，有关“国进民退”和“国进民进”的问题在学术界引发了大量的探讨。“国进民退”是指国有企业在市场竞争中依靠规模、技术等占据优势，导致民营企业的市场份额受到挤压，发展受到限制，进而出现国有经济比重上升，民营经济比重下降的现象。“国进民进”理论则认为国有企业和民营企业并非是势不两立、此消彼长的，二者之间存在着共同利益和合作空间，绝不是只能相互竞争的关系。从这一理论角度出发解读民营企业帮扶政策，可以帮助我们理解如何利用国有企业和民营企业的优势，共同促进经济整体的发展。

国有企业通常拥有稳定的资源、强大的政府支持和重要的基础设施，这些特征决定了国有企业在关乎国家命脉的关键领域的重要作用，并能够集中力量推动某一行业的发展。民营企业则通常更加灵活，有更强的创新动力，能够更快速地适应市场变化。这种互补效应使国有企业和民营企业能够在经济波动中相互支撑，共同促进经济的稳定发展。一方面，国有企业通常具有更强的资金实力和资源整合能力，在对外投资方面具有一定优势。国有企业的对外直接投资增加了民营企业进入国际市场的机会，其投资经历为民营企业带来的正面示范作用和声誉效应超过了潜在的竞争影响。国有企业对外投资能够拉动相关行业的发展，带动更多的民营企业参与到国际市场中，共同推动中国产品在全球市场中的影响力和地位。另一方面，国有企业和民营企业之间的合作还可以通过股权合作等方式开展，进而提高企业的信用和经营绩效。民营资本参股提升了国有企业管理层的薪酬与离职对业绩的敏感性，而国有资本的参股则有助于减轻民营企业的税收负担和融资限制。国有企业在资金、品牌、资源等方面具有优势，可以通过参股民营企业的方式，提高民营企业在市场中的信用和竞争力，缓解民营企业面临的资金压力，民营企业的灵活性和市场敏感度能够带动国有资本在市场中更加灵活地运作。这种合作为双方在市场中的发展带来了更多的机遇。

（三）科斯的企业理论

新制度经济学的先驱罗纳德·科斯 1937 年发表了经典论文《企业的本质》，详细阐述了他对于企业形成的理解。科斯认为企业是为了节约市场交易费用或交易成本而产生的，企业的本质是作为市场机制或价格机制的替代物。企业产生后，交易便分为了市场交易和企业内部的交易。由于企业组织一项交易需要耗费行政管理费用（企业内的交易费用），因此当增加一项交易的边际交易费用在一个企业、市场和另一个企业相等时，企业就在均衡上实现了最佳规模或界限。

科斯的企业理论强调了企业内部组织和市场环境机制之间的权衡，法律与监管环境、行政效率与社会文化等因素对企业内部组织和外部交易的方式有着深远影响。根据这一理论，当民营企业面临的市场交易成本（如信息成本、融资成本）相较于大型国有企业更高时，民营企业就会在对应行业的竞争中处于弱势地位，经营民营企业的激励会降低。政府扶持政策的重要目的之一是降低民营企业面临的外部交易成本、优化营商环境，使民营企业能够更专注于内部管理和生产效率的提升，有助于更有效地配置资源。

根据科斯的企业理论，优化外部营商环境的政策应当是民营企业扶持政策的主要发力点之一。经营环境的不稳定会提高企业非生产性支出和税负、挤占民营企业生产性资源，而一个市场化、法治化的商业环境则可以为民营企业减轻不确定性影响、维持经营活力提供必要的保障。我国政府应减少政府审批、放宽市场准入、扩大经营主体自主权、强化市场监管，努力打造市场化、法治化、国际化营商环境。

（四）国企改革理论

自 1978 年改革开放以来，国企改革始终是我国经济改革的重要组成部分甚至中心部分。国企改革在我国经济转型和结构调整中扮演着重要角色，对我国市场经济的发展和全球经济格局产生重要影响。国企改革进程可以分为“扩权让利”的国企改革初步探索期（1978—1993 年）、“抓大放小”的国企改革战略攻坚期（1993—2003 年）、“规范治理”的国企改革深入推进期（2003—2013 年）和全面深化改革期（2013 年至今）四个阶段。

改革开放四十余年来我国在所有制、管理架构上的改革不仅极大提升了我国国有企业经济效益、优化了国有资产结构和布局，还对我国市场机制和民营经济发展产生了深远的影响。一方面，国有经济的定位进一步明确，国有资本逐步撤离部分下游竞争性行业，转而集中于对国家安全和国民经济至关重要的行业和领域，这一变化促使民营经济得以快速发展和壮大。同时政府强调国有企业要对民营企业的健康发展发挥带动作用，推动良好市场结构的形成，国有企业的战略支撑作用、产业引领作用和创新引领作用不断加强。这一系列举措都进一步促进了市场一体化的发展，国有企业让利于民，市场竞争更充分，渐进式的国企改革推动经济实现了良性循环，不仅大大降低了经济风险，而且给民营经济释放了发展空间，给经济持续增长奠定了基础。另一方面，国家公开发布的政策文件中多次明确国有企业的经营主体地位，要营造各种所有制主体依法平等使用资源要素、公开公平公正参与竞争、同等受到法律保护的市场环境，进一步优化民营企业营商环境。在许多行业中，“国进民退”现象并非完全是市场公平竞争的结果，而是受国有企业的过量留存利润、歧视性的产业政策、银行的信贷倾斜以及地方政府对国企的支持等体制性偏好所致。产业政策应以国有资本不挤出民间资本为原则，为民营企业提供竞争中性的环境和与国有企业无差别的平等待遇，释放出因国有部门过度投资挤占的投资空间，促进国内经济大循环。

国企改革理论强调通过市场化改革等手段提高国有企业的效率和竞争力，这不仅使国有企业更具活力，也为民营企业创造了更公平的市场竞争环境。当国有企业同样遵循市场规律运作时，民营企业可以更公平地参与市场竞争，而非受制于国有企业的不公平竞争优势。此外，该理论还强调政府应通过优化国有资本布局、更有效地配置资源以避免资源浪费和低效使用问题，让国有企业从下游产业中退出，专注于其自身优势领域，这不仅有助于经济效率的提高，也为民营企业提供了更多发展机会。

在这一理论指导政策制定方面，要让国有企业成为有核心竞争力的经营主体，健全市场化经营机制，确保国有企业和民营企业在市场竞争中享有平等的机会；还要明确界定国有经济和民营经济各自的经营范围，减少行政干预和恶性竞争，促进国有资本和民营资本共同健康发展。

（五）制度约束理论

制度约束理论认为企业获取合法性的主要方式就是服从所在地区制度的期望和要求，这种行为对企业经营有着巨大的影响。制度是企业从事经营活动所必须遵从的规则，可以被分为正式制度和非正式制度，制度对经济发展、营商环境和企业决策均有重要影响。

正式制度指由官方认可并发布的企业经营规则，如法律法规、政府政策等。制度环境的不确定性将导致处于相对弱势的民营企业遭遇严重的制度约束，承担沉重的行政成本和巨大的经营风险。市场化程度是民营企业发展所面临的一项关键制度约束，在市场化水平较低的地区，政府在资源配置中的作用通常更为显著，中小型民营企业受到的制度约束更大，获取资源的成本更高，生存空间受到压缩。正式制度约束对市场化程度的影响可以从法制环境不完善、过度的市场管制和资源分配不合理三个角度体现。在法制环境方面，不完善的法律体系或法律体系执行不到位可能使民营企业在合同履行、知识产权保护等方面面临更多挑战，承担额外的经营风险，限制了民营企业的竞争能力和创新活动。在市场管制方面，民营企业可能因为制度上的行政审批和市场准入限制而面临更多的挑战。相对复杂的行政审批程序和市场准入门槛使民营企业难以在市场中获得更大的发展空间。

非正式制度主要指不成文的、非政府强制的、但是为社会所普遍认可的规则。非正式制度的利用对于企业发展产生重大影响，政企关联、银企关联等形式的社会资本有助于企业缓解融资约束、以更低的成本获得资源以及进入利润丰厚的管制行业。

非正式制度与正式制度相互补充、相互替代。当正式制度不完善时，企业对社会资本的投资是一种“有效寻租”，可以帮助企业绕开低效率的行政程序并降低资源错配的扭曲成本，有利于经济的发展。而当正式制度和市场机制较为完善时，企业对社会资本的过度运用将会阻碍经济发展，此时企业的寻租行为是对市场有效配置资源功能的破坏而非补充。一个企业运用社会资本取得优势必然会挤出其他企业，在全局视角下，若放任企业通过社会资本获得优势竞争地位，将会导致企业在社会资本投入上层层加码，产生无谓的投入。在研发创新的重要性越发凸显的时代背景下，社会资本这种非正式制度资源已不足以支撑民营企业的高质量发展。

从制度经济学的角度来看，对民营企业的扶持政策可以被理解为政府针对制度缺陷的干预措施，旨在创造更加公平、高效的经济环境，促进民营经济的健康发展。针对法律法规、政府政策等正式制度存在的不足，政府可以从企业注册、物权登记以及信贷获取等方面，着手提升制度和政策的质量，优化营商软环境；对于社会资本被过度利用而导致的不公平竞争和损害市场效率的问题，政府应当加强反腐败力度以削弱政治关联。寻求政治关联和提高创新能力是企业发展中两个可以互相替代的策略。反腐败由于增加了企业谋求政治关联的相对成本，将会显著提高企业的创新激励。

（六）信贷歧视理论

信贷歧视理论认为商业银行在决策时，对民营企业存在“所有制歧视”和“规模歧视”，其中基于所有制性质的信贷歧视在中国的经济制度和金融体系下尤为严重。

信贷歧视的存在给民营经济、国有经济以及宏观经济发展带来了大量的问题。首先，国有企业由于有着政府的隐性支持，能够方便地获得大量来自金融系统的资金并在破产时获得政府直接财政支持，增加了企业经营的道德风险。其次，信贷歧视还会使得民营中小企业面临融资难、融资贵的问题，抑制民企创新、扩张等正常经营行为。同时国有企业利用信贷优势而得到的软预算约束带来的税收和竞争压力进一步拖累了民营企业的发展进度。最后，由于金融体系在配置资金时存在歧视现象，无法正确引导资金流向社会中最有效率、最需要的地方，这不仅会导致银行体系中的呆账坏账等问题，还会拖累经济整体效率。

虽然信贷歧视对经济的伤害已经为大量研究所证实，但商业银行对民营企业不愿贷、不敢贷的现象并不是由于金融政策存在非竞争中性，而是源于金融机构在执行层面的顾虑。对于有大量抵押资产、政府隐性担保的大规模企业或者国有企业，商业银行会更愿意相信他们能够按时还款；而对于没有良好的抵押资产和信用记录的小规模企业或民营企业，商业银行会更谨慎地处理他们的贷款需要。信贷歧视导致大量信贷资源被错配、浪费，在金融压抑和所有制歧视政策下，民营企业的借贷受到严重约束，直接阻碍了民营经济发展。

从这一理论角度出发，民营企业扶持政策应该给予更多的金融支持，弥补民营中小企业在这些歧视中遭受的损失。对政策制定者来说，应进一步优化金融服务体系、引导商业银行的信贷行为，消除可能存在的信贷歧视，拓宽民营企业融资途径，缓解融资难融资贵的问题。要引导金融机构树立“一视同仁”理念，持续加强民营企业金融服务，让金融机构对广大民营企业“敢贷、愿贷、能贷”。

二、影响民营企业发展的因素

民营企业作为经济的重要组成部分，对于促进经济增长、创造就业机会以及推动社会发展起着至关重要的作用。然而，民营企业在发展壮大的过程中受到了来自企业内外部等多个方面的影响。从民营企业经营实际出发，可以从外部制度环境、其他经营主体行为以及企业自身三个角度分析讨论这些因素。

（一）制度环境的影响

1. 政府政策的影响

政府政策是影响民营企业发展的重要因素之一。政策制度为企业行为提供了法律依据和规范，政府出台的税负政策、知识产权保护和创新激励政策、市场管控及准入壁垒政策等会直接影响民营企业的战略和决策。

税收政策的变化直接影响企业的盈利能力和现金流。对于民营企业而言，税收政策的合理性和公平性对其发展至关重要，不合理的税收政策可能导致企业税负过重，影响其盈利能力和资金积累。税收负担往往会对民营中小企业创业活跃度产生显著的负效应，而民营中小企业的税收优惠则往往与企业成长能力正相关。税收政策的透明度和稳定性将会对企业的长期发展产生影响，不确定的税收政策会增加企业的经营风险和不确定性。

此外，对企业而言，知识产权的保护和创新激励政策直接关系到企业的技术创新能力和竞争优势。虽然我国知识产权保护制度逐渐完善，但在实际执行中仍存在一些问题，如维权成本高、司法保护力度不足等，这些问题可能使得民营企业在技术创新和市场竞争中面临更大的不确定性和风险。政府加强知识产权保护执法力度可以通过减少研发溢出损失和缓解外部融资约束两条路径提升企业创新能力，并且当知识产权保护程度较高时，企业专利产出的增加对财务绩效的正面影响更为显著，从而进一步激发企业的创新动力。

市场管控政策和行业监管标准同样是正式制度约束中的重要内容，政府可以通过设置准入门槛、干预资源分配过程等方式直接影响企业的经营。高昂的行政成本和与国有企业竞争时可能存在的政策歧视将会制约民营企业的发展。放宽市场准入、向经营主体放权的政策制度能够通过提高市场竞争充分性、公平性以及降低企业交易费用来提高企业投资效率，进而激发市场活力、增强发展动力，促进市场配置资源作用的充分发挥。

2. 社会关联的影响

在民营企业经营过程中，除了明文规定的法律、政策以外，还有许多不成文、不被政府强制执行、仅适用于特定地区和社群的“非正式制度”约束。然而一项制度是否影响民营企业的发展不在于其是否被明确地发布，而在于其是否起作用、是否切实地影响了民营企业的发展策略。在我国的经济实际中，以政企关联形式存在的社会资本对企业经营有着深远的影响。

政企之间的灰色关联将会破坏市场竞争的公平性，并使创业者将有限的资源和战略重点转向非市场竞争的关系网络建设上，这从根本上导致了腐败现象和企业竞争力的下降。一方面，如果政府与某些关联企业存在过于密切的关联，可能会使得这些关联企业获得更多的资源和支持，而缺少政治关联的企业则面临更为严峻的竞争压力，损害市场公平竞争环境、降低市场配置资源的效率；另一方面，有政治关联的企业寻租行为可能会抑制自身创新动力，在某些情况下企业投入精力去获取特权和补贴能够带来比创新和提升产品质量更大的收益，这不利于企业的长期发展。

此外，企业对关系网络的运作可以帮助企业获得更多的合作机会，基于社会资本的信任关系可能会影响客户对企业的选择，与客户建立良好关系的企业能够获得更多的订单和利润。那些更善于利用关系资源的企业家能够更好地整合到丰富的资源，如有价值的商业信息以及订单等，从而提升企业绩效。

（二）其他经营主体的影响

1. 金融机构行为

在不考虑政府政策法规的影响下，金融机构在进行投资决策时将会优先选择低风险、高收益的策略。对于民营企业特别是民营中小企业，由于其规模相对较小、存在信息不对称等风险因素，金融机构可能对其投资策略采取更为谨慎的态度，这使得民营中小企业难以获得所需的资金支持，限制了它们的发展和扩张能力。商业银行作为信贷市场的主体，在金融政策执行上却往往存在着信贷差异，表现出非竞争中性的一面，国有企业相比于民营企业在信用额度、融资成本等方面具有较大的优势。

融资难、融资贵的问题对民营企业发展中的各项决策有着较为严重的限制。一方面，创新和技术迭代对企业的长期发展至关重要，若缺乏足够的资金支持，民营企业可能难以承担创新所带来的高成本，融资约束限制了企业进行研发投入、技术更新和新产品开发的决策。融资约束是民营企业创新水平下降的重要影响因素，较高的金融发展水平可以缓解融资约束对企业创新的不利影响。另一方面，由于融资成本增加而带来的产品成本上升会使营企业在行业竞争中处于不利地位，使它们在扩大生产规模、市场拓展等方面受到限制。

2. 国有企业行为

在我国的经济体制中，国有经济和民营经济同为国民经济的重要组成部分，国有经济是我国国民经济的主导力量，民营经济是社会主义市场经济的重要组成部分，两者共同构成了基本经济制度的重要内容，共同构筑了推动经济高质量发展的现实基础。国有企业是民营企业经营中不得不考虑的合作和竞争对象，国有企业行为对民营企业发展策略将会产生深远的影响。

国有企业往往在资金获取、资源调配和行政审批上相对民营企业占据更大优势，这一特征在大规模国有企业中体现得更加明显，这使得国有企业的生产成本更低，在竞争中处于优势地位。相比之下，同一领域的民营企业可能会在融资、技术创新以及订单获取等方面受到限制，从而减缓其发展速度。虽然国有企业比民营企业的经营效率低，但是国有企业获得的优惠政策和资源优势足以弥补其在经营效率上的劣势。因此必须要更清晰地界定国有企业的经营范围以避免民营企业在不公平的市场上与国有企业竞争。

国有企业对民营企业也有相互促进、功能互补的作用。在优势耦合方面，国有企业在资源、规模、技术、人才、渠道和品牌等方面优势明显，民营企业则具有机制灵活、对市场反应灵敏、效率更高等显著优势，国有企业的雄厚实力与民营企业的灵活机制有效对接，能够实现

“1+1>2”的效果。在市场竞争方面，国有企业与民营企业能够形成良性竞争，促进双方“强身健体”，激发两者降本增效、创新升级的动力，进而激发整个市场的发展活力。

（三）企业内部的影响

民营企业发展除了受到外部影响外，内部的权力架构同样会影响企业的发展。强调企业家权力对于企业发展的研究可以追溯到科斯（1937），他指出企业实际上是企业家指挥生产要素配置的边界，企业家权力影响着企业内部的运行效率。控制权结构直接关系到企业的发展战略决策以及内部治理，决定了企业的创新能力和应对挑战的能力。

在对发展战略决策的影响上，创新是利于提升市场竞争力、助推创业企业发展为市场认同度高的成熟企业的行为。权力集中的企业家更有动力带动创业企业自主创新，以期能获得利益相关者的稳定支持并巩固自身权威。企业家拥有的管理层权力对企业可持续发展绩效呈显著的正向影响，企业家可以利用所拥有的权力作出有效的决策，以及时应对市场环境的各种变化，对企业绩效具有正向影响。

在对内部治理的影响上，一方面，企业家的控制权对企业的内部治理和组织结构具有重要影响。企业家的控制权是企业家实施变革的工具，能够保障企业家才能的发挥，从而降低内部交易成本、提高企业内部的运作效率。企业家可以运用更科学的管理方法，通过设计企业内部的权力分配、管理层组成和决策流程以减少企业内部的摩擦。另一方面，企业家作为企业的领导者，拥有企业的控制权同时也满足了企业家的内在自我激励。企业家的控制权不仅是企业家实现目标的手段，而且是可以直接满足其效用的激励因素，使其在实现个人理想抱负、自我价值的同时，激发企业家精神，带动企业资本配置效率的提升。

三、我国进一步发展相关理论的必要性

当前我国民营企业在发展壮大的进程中依旧有许多悬而未决的问题，涉及政治、经济、科技等多个方面。在宏观上，一方面有效需求不足、部分行业产能过剩、社会预期偏弱等问题导致民营企业宏观面信心不足，活跃性下降；另一方面长期存在的体制壁垒、政策的“最后一公里”等问题恶化了民营企业的生存环境，阻碍了民营经济的健康发展。在微观上，我国民营企业发展还面临着产学研协同创新能力不足、创新能力分布高度不均衡、创新成果质量较低、核

心技术的对外依存度偏高以及研发投入与高收入国家尚存差距等问题。

目前的民营经济扶持政策应该着重处理好以下几个关系：一是“大与小”的关系，促成大型企业和中小企业的良性互动；二是“实与虚”的关系，促进实体经济与金融体系相互支撑、实体经济与数字经济相互融合；三是“旧与新”的关系，有效推进传统产业的换新和新兴产业的培育壮大；四是“公与私”的关系，建立要素自由流动、竞争公平有序的市场机制，形成国有企业和民营企业之间良性竞争、合作共赢的格局；五是“内与外”的关系，引导民营中小企业优化内部治理结构、优化民营企业外部营商环境。民营经济对国民经济发展具有重要意义、受到政府高度重视，同时又面临着诸多问题，这为进一步发展相关理论的学术研究提供了广阔的舞台。

从学术角度来看，近年来有不少学者就民营经济发展作出理论探索，这些根植于中国实际的理论为政策制定提供了重要的基础，如分类改革理论等。分类改革理论指出提供公共产品的企业应选择国有国营模式、自然垄断型国有企业应选择国有国控模式、大型竞争性国有企业应进行产权多元化的股份制改革、中小型竞争性国有企业可以完全放开股权管控。这一理论推动了一系列关于推进国有企业改革、创造更有利于民营经济发展的营商环境政策的落地。同样，现有关于民营企业发展的相关经济理论也存在不足，要求学者们进行更深入的探索。如在扶持民营经济发展的政治经济学解释等方面，要构造符合中国特色社会主义经济体系现状的价值理论，解释在中国经济实际下民营经济以及民营企业家在生产、交换、分配、消费中的作用。传统政治经济学的劳动价值论未能充分解释在当代经济中的价值创造机制，特别是在服务经济和知识经济的背景下，价值转化更加复杂，价值创造更多地依赖于知识、创新和服务质量，而非简单的劳动时间。

总而言之，构建一套适合中国经济现实、符合中国制度、具有中国特色的民营经济发展理论体系任重道远，需要广大经济学学者的共同努力。中国特色的民营经济发展理论必须要更好地体现中国国情和实际，深入挖掘中国民营经济发展的历史、现状和特点，积极借鉴国际经验，为中国民营经济的蓬勃发展提供切实可行的理论指导，也为民营经济的政策制定提供更为有力的理论支撑。

第三章

民营经济对高质量发展的推动作用

一、民营经济与高质量发展

（一）高质量发展的五个方面

习近平总书记在党的二十大报告中明确提出，推动高质量发展需要从构建高水平社会主义市场经济体制、建设现代化产业体系、全面推进乡村振兴、促进区域协调发展和推进高水平对外开放五个方面发力。

构建高水平社会主义市场经济体制，包括坚持和完善社会主义基本经济制度，充分发挥市场在资源配置中的决定性作用，完善产权保护、市场准入、公平竞争、社会信用等市场经济基础制度等内容，为高质量发展提供全方位、成体系的制度和法律保障。

建设现代化产业体系，包括着力发展实体经济，推进新型工业化，推动战略性新兴产业融合集群发展等内容，为中国先进生产力发展方向提供指引，为高质量发展提供强大动力。

全面推进乡村振兴，包括在农业生产方面建设高标准农田，发展设施农业，深入实施种业振兴行动，发展农业适度规模经营，健全种粮农民收益保障机制，完善农业支持保护制度等；在农民致富方面巩固和完善农村基本经营制度，发展新型农村集体经济，发展乡村特色产业，保障进城落户农民合法土地权益等；在农村建设方面统筹乡村基础设施和公共服务布局，建设宜居宜业和美乡村。农业稳定发展为粮食安全提供保障，进而成为社会稳定的重要基石，农民致富和农村建设使得发展成果更大程度地惠及农民，促进城乡共同富裕和共享发展成果，同时农民致富和农村建设也为农业发展提供保障。

促进区域协调发展，包括推动西部大开发形成新格局，推动东北全面振兴取得新突破，促进中部地区加快崛起，鼓励东部地区加快推进现代化。支持革命老区、民族地区加快发展，加强边疆地区建设，推进兴边富民、稳边固边。推进京津冀协同发展、长江经济带发展、长三角一体化发展，高标准、高质量建设雄安新区，推进以人为核心的新型城镇化等内容。促进区域协调发展对于高质量发展具有优化资源配置、增强区域发展互补性的作用，也为解决当前各地经济发展的同质化趋势提供思路。

推进高水平对外开放，包括合理缩减外资准入负面清单，依法保护外商投资权益，提高中西部和东北地区开放水平，加快建设海南自由贸易港，推动共建“一带一路”高质量发展，有序推进人民币国际化等内容。推进高水平对外开放，有助于我国取长补短，通过参与国际合作和国际市场的竞争，让我国持续追踪前沿、从全球化中持续受益，取长补短、互利共赢，对高质量发展具有加速器的作用。

（二）民营经济的重要意义及其高质量发展

民营经济在中国现代化进程中扮演着关键角色，自改革开放以来，民营经济已经成长为国民经济的重要支柱，它是引领创新的重要主体、共同富裕的重要支撑、推动社会主义市场经济发展的重要力量。民营经济的高质量发展对于国民经济高质量发展具有至关重要的作用。民营经济高质量发展与创新、协调、绿色、开放、共享的新发展理念具有一致性。

民营经济高质量发展的内涵包括以下五个部分。（1）创新发展。民营企业要根据国家战略需要和行业发展趋势，开展关键核心技术攻关，要从生产能力的规模扩张向创新驱动发展、推进科技自立自强和科技成果转化。（2）协调发展。必须坚持统筹兼顾、协调各方，实现生产和需求之间的动态平衡，提升经济运行整体效率，增强发展的协调性。（3）绿色发展。引导高耗能、高排放的企业向资源友好型和环境友好型企业转变。（4）开放发展。要利用好国内国际两个市场，深度融入全国统一大市场，积极开拓多元化国际市场，引进外资，提高民营企业的品牌效应和国际影响力。（5）共享发展。共享发展的实质是以人民为中心的发展理念，体现了社会主义生产力和生产关系之间的协调互动，根本目标是为了逐步实现共同富裕。

二、民营经济对高质量发展推动作用的相关性分析

在新时代中国特色社会主义的背景下，人民对更高层次生活的需求日益增长，他们追求更多样化和广泛的美好生活。民营经济的蓬勃发展对于实现这一愿景至关重要，有助于解决发展中的不平衡和不充分问题，满足人民多样化的需求。民营经济的活跃不仅促进了市场的繁荣，还满足了人民日益增长的物质需求。民营经济通过市场机制有效地响应市场变化，提供丰富的商品和服务，缓解了市场供需矛盾，为市场稳定和经济增长提供了动力。此外，民营经济在文化领域的贡献也不容忽视。民营企业在教育、文化和互联网等行业的迅速崛起，不仅提升了自身的竞争力，还促进了不同地区乃至不同国家间的文化交流。这种文化的交流和融合有助于丰富人民的精神生活，提高教育的公平性，满足人民对精神文化生活的期待。通过这样的方式，民营经济为实现人民对美好生活的追求作出了积极贡献。

结合高质量发展的五个方面和民营经济高质量发展内涵的五个部分，本部分将从民营经济发展概况、营商环境与财政健康度、产业升级与创新、共同富裕与协同发展、对外开放五个方面对民营经济发展对高质量发展的推动作用进行相关性分析。

由于官方统计数据的公布具有一定滞后性，截至本蓝皮书完成之日，各指标的最新公开数据为 2022—2023 年不等，本部分的处理方式为各指标均采用最新公开数据进行分析。

（一）民营经济发展概况

民营企业在数量上具有优势，在形式上更加灵活，在社会主义市场经济条件下最具竞争力，也最有未来增长点。在促进增收、提高效率方面，民营企业的快速发展对地区经济增长的促进作用逐步被人们所认知，有关此方面的研究也逐渐增多。学界普遍认为民营经济的发展对促进我国经济增长作出了巨大贡献，民营企业群体的发展是所在区域经济增长中最具有活力和潜力的增长极，对促进群众增收、增加经济总量具有不可忽视的重要作用。

近年来，民营企业数量呈现持续快速增长态势，并带动我国企业总体数量的快速上涨。如图 3-1 所示，2010—2022 年，民营企业法人单位占企业法人单位总数的比重稳定提高，企业法人单位数量从 650 余万个增长到近 3283 万个，增长了 4 倍，其中绝大多数增长来自民营企业法人单位数量的增加。民营企业在经济中的重要性持续增加，对经济活力的贡献日益凸显。

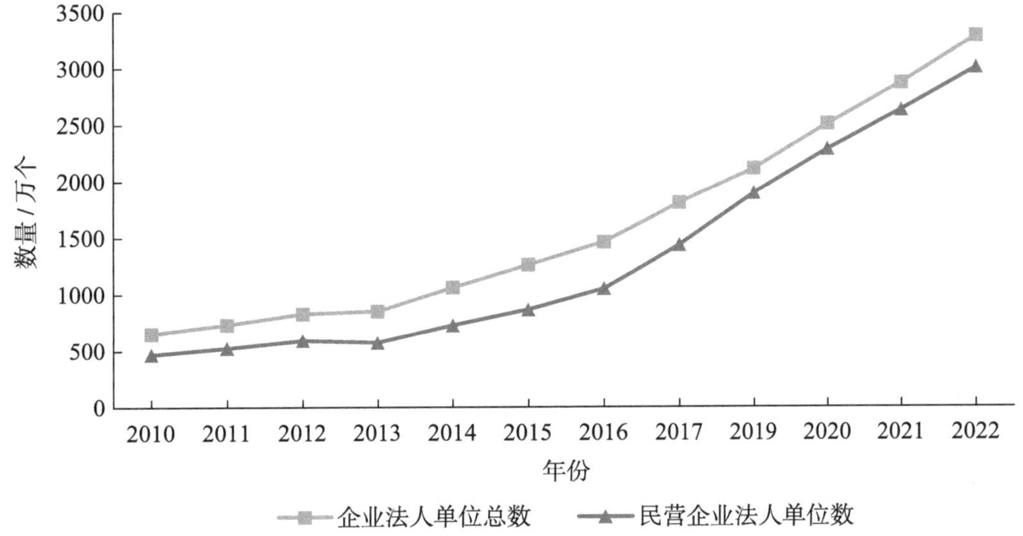

图 3-1　企业法人单位数量增长趋势

数据来源：国家统计局（由于 2018 年数据并未公布，故 2018 年数据缺失）。

民营经济对地区经济发展和人民生活水平具有重要作用。GDP 和社会消费品零售总额是反映当地经济活力和居民生活水平的重要指标，尤其是社会消费品零售总额具有极高的市场化程度，短期内受到政府政策的干扰较小，其与民营企业的相关性受到的干扰也较小。图 3-2（a）、（c）显示民营企业数量高的城市，不仅其经济总量高，人均 GDP 也更高，图 3-2（b）显示民营企业数量较少的城市，经济增长速度具有更大的不稳定性，而民营企业数量多的城市经济增速相对稳定，更加符合高质量发展的特征。图 3-2（d）也显示社会消费品零售总额与民营企业数量相关性极强，尤其是民营企业数量较少的城市，两个指标之间几乎呈线性关系，显示出民营企业对于经济活力和居民生活水平具有重要影响。

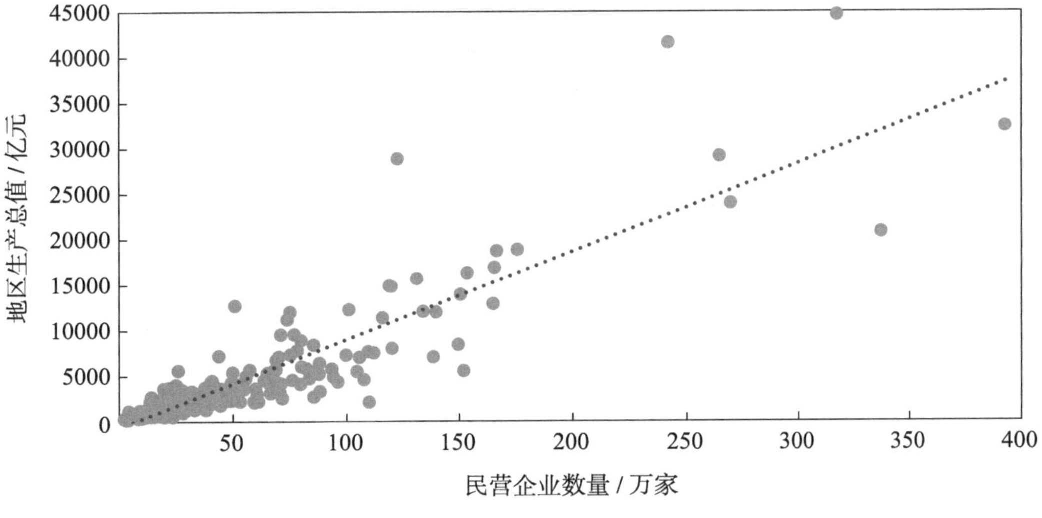

（a）各城市地区生产总值（2022 年）

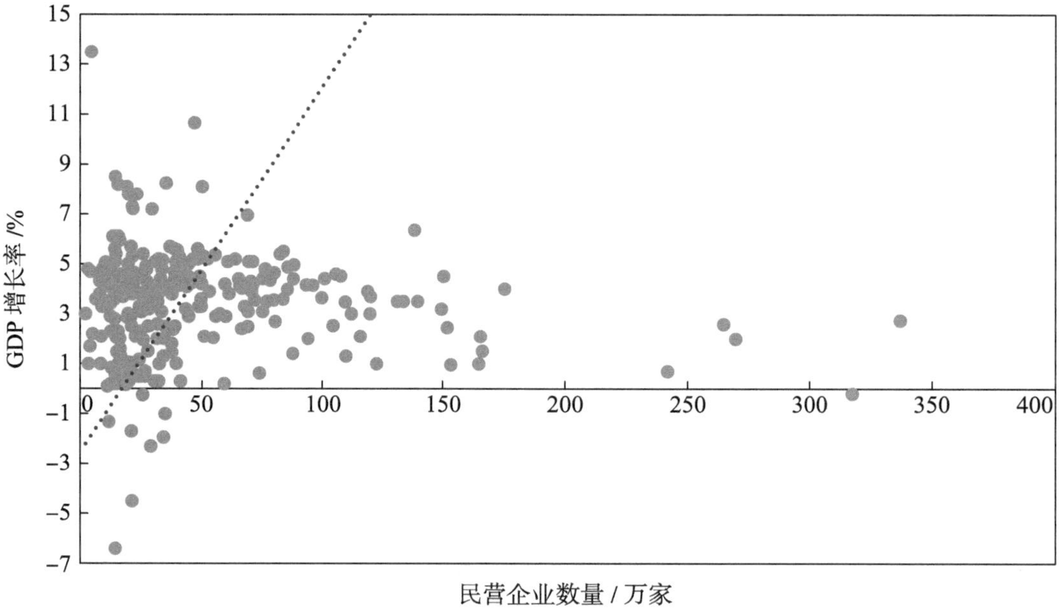

（b）各城市 GDP 增长率（2022 年）

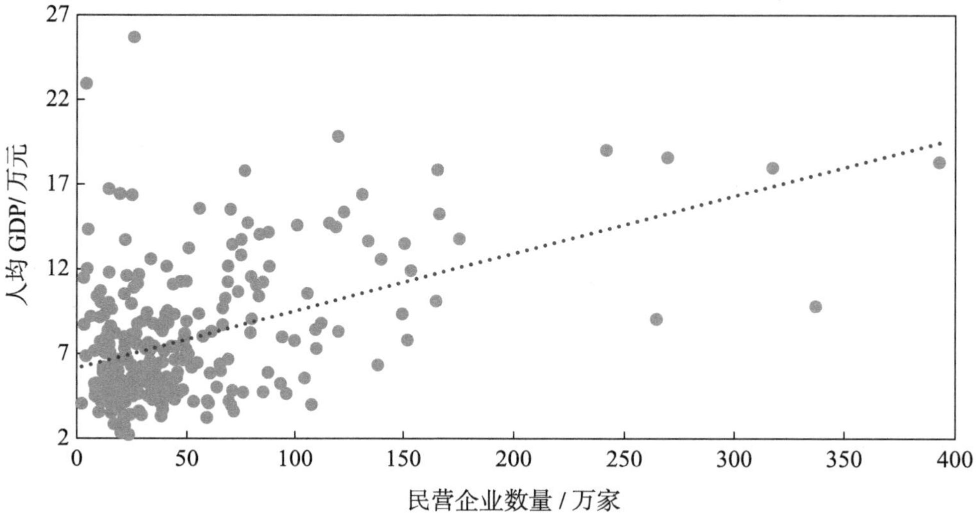

（c）各城市人均 GDP（2022 年）

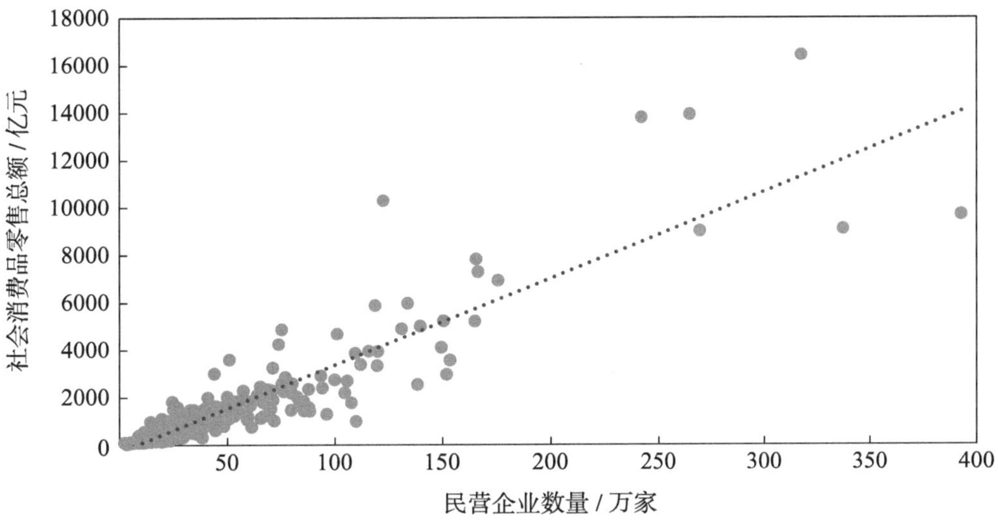

（d）各城市社会消费品零售总额（2022 年）

图 3-2　民营企业数量与地区经济活力的相关性

数据来源：民营企业数量来自天眼查，其余数据来自《中国城市统计年鉴 2023》。

东南沿海省份民营企业发展更好更优。如图 3-3 所示，“2023 中国民营企业 500 强”统计数据绘制民营企业地区分布图，可以发现浙江、江苏等省份的民营企业发展表现得尤为突出，且这些省份在共同富裕的道路上也取得了优秀的成果。从分布图来看，浙江省的民营企业数量在 500 强中占据了显著的位置。这并非偶然，而是得益于该省长期以来对民营经济的重视和扶持。民营企业的蓬勃发展，不仅为经济增长注入了强大的动力，也为当地居民提供了大量的就业机会，带动了居民收入的稳步提高。民营经济发达的省份通过优化经济结构、加强城乡统筹、推进基本公共服务均等化等措施，逐步缩小了城乡、区域和群体之间的收入差距，实现了

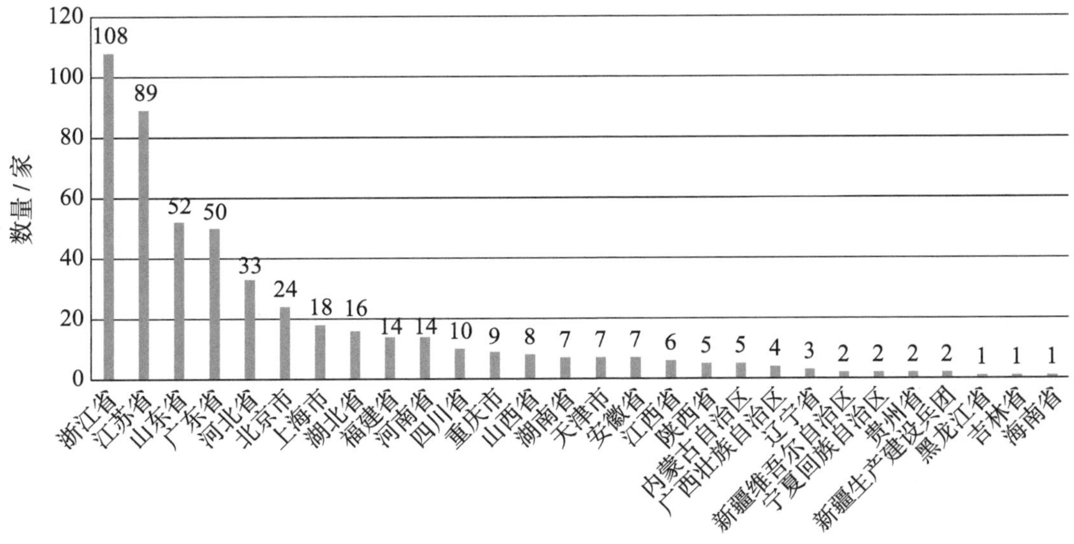

图 3-3　民营企业 500 强地区分布

数据来源：全国工商联发布的“2023 中国民营企业 500 强”榜单。

经济发展与社会公平的良性互动。

（二）营商环境与财政健康度

营商环境是反映公共服务、企业经营负担、社会法制环境等的综合性指标，民营经济的发展与营商环境具有强相关性：一方面，民营经济的发展受到营商环境的制约；另一方面，民营经济的高质量发展对营商环境具有强大的反作用和推动力。同时，营商环境的好坏直接影响本地市场机制运行情况。因此本部分将营商环境作为反映市场经济运行情况的指标，通过分析民营经济发展情况与营商环境之间的关系，揭示民营经济与市场经济体制运行情况之间的关系。

借鉴中国人民大学国家发展与战略研究院的《中国城市政商关系评价报告》，构建营商环境相关指标，对营商环境与民营企业发展情况以及天眼查数据库中民营企业数量指标进行相关性分析。

以政府服务和企业负担衡量民营企业营商环境，如图 3–4（a）、（b）所示，民营企业数量越多的城市，其营商环境越好。民营企业数量越多的城市，其政府服务得分越高，而企业负担得分越低。但是也有部分民营企业数量较少的城市其政府服务得分也极高，即政府服务是民营企业发展的必要不充分条件。因此要促进民营企业发展，高质量的政府服务必不可少，但是不能只关注政府服务，其他方面的软硬件条件和社会环境营造等措施也要跟上。图 3–4（b）显示，民营企业数量较多的城市，其企业负担水平均较低；企业负担较高的城市，绝大多数民营企业数量较少，因此切实降低民营企业负担可能对高质量发展的促进效果更显著。

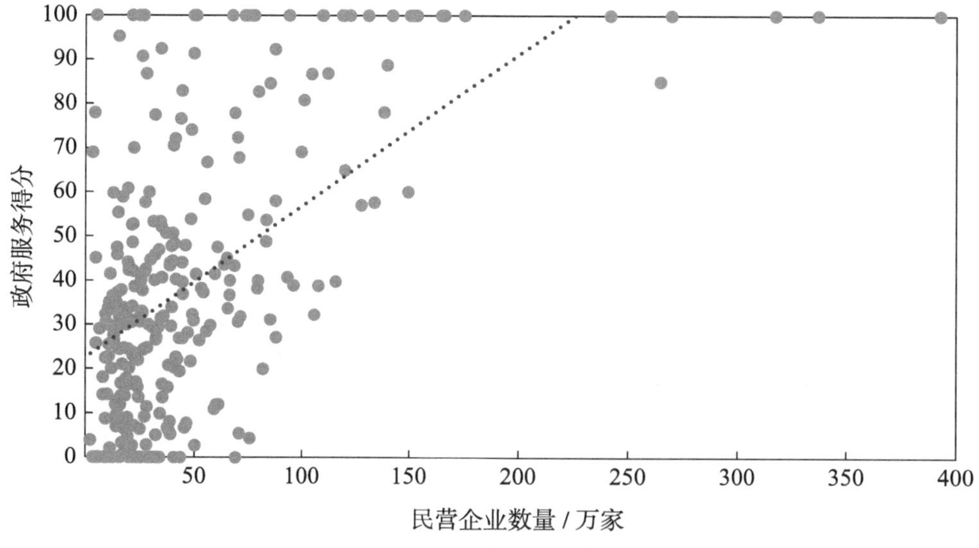

（a）各城市政府服务（2022 年）

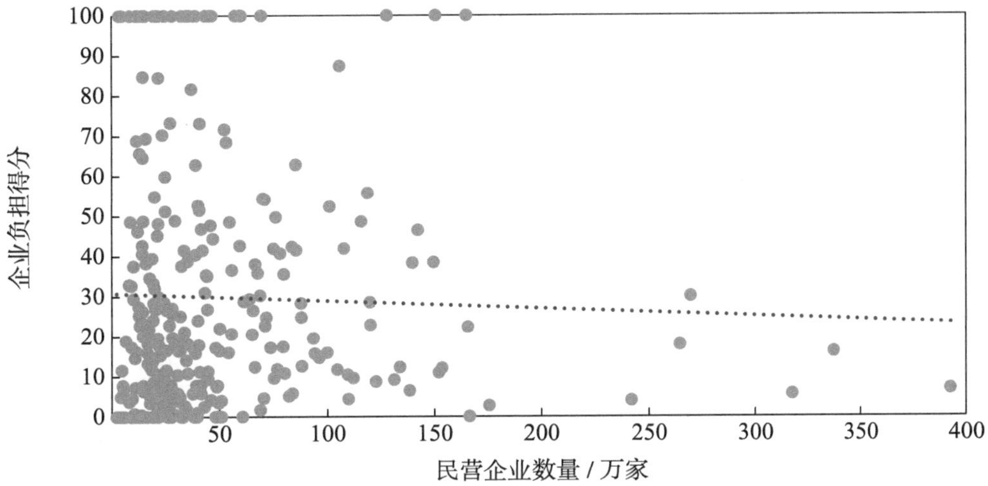

（b）各城市企业负担（2022 年）

图 3-4 民营企业数量与营商环境的相关性[1]

政府财政健康状况对于其公共服务能力极为关键，而政府财政健康状况与民营经济发展具有极强的相关性。图 3-5（a）显示预算收入占 GDP 的比重与民营企业数量正相关，图 3-5（b）显示预算支出占 GDP 的比重与民营企业数量负相关，图 3-5（c）显示财政收支越平衡，越有利于民营企业发展。若财政支出不足则不足以对企业发展形成有力的支撑，若财政支出过高则会对企业发展形成较高的“挤出效应”。

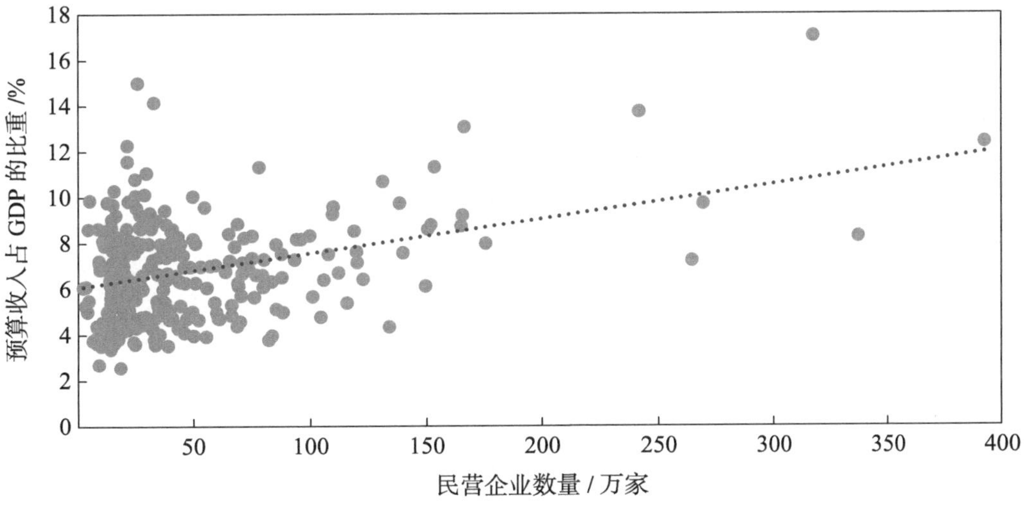

（a）各城市预算收入占 GDP 的比重（2022 年）

[1] 政府服务 =0.5× 基础设施 +0.5× 金融服务，基础设施包括道路面积 / 城市面积和高铁动车经过班次；金融服务包括年末存贷余额 / 市区 GDP、金融从业人数 / 城市人口和银行网点数量 / 城市人口。企业负担 = 规模以上工业企业主营业务税金及附加 / 全市工业总产值 + 年末应交增值税 / 全市工业总产值。民营企业数据来自天眼查，高铁动车班次信息来自 12306 网站，银行网点数量来自百度地图，其余数据来自《中国城市统计年鉴 2023》。

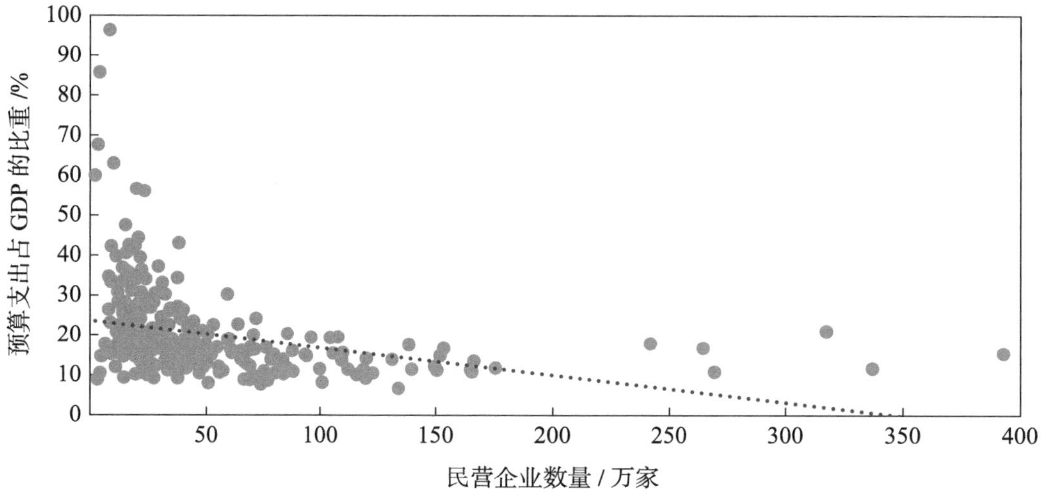

（b）各城市预算支出占 GDP 的比重（2022 年）

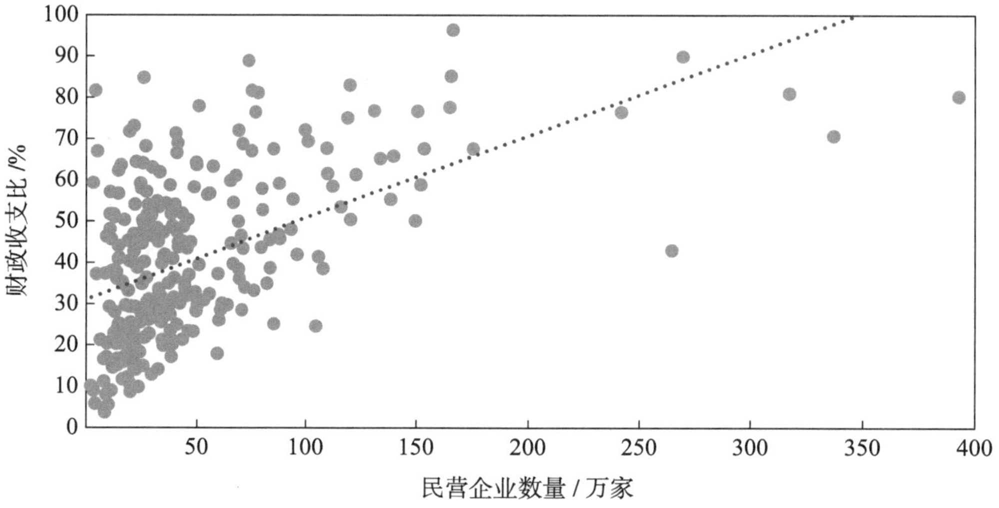

（c）各城市财政收支比（2022 年）

图 3-5　民营企业数量与财政健康状况的相关性

数据来源：天眼查、《中国城市统计年鉴 2023》。

（三）产业升级与创新

从地区民营经济产业结构对当地高质量发展的推动作用来看，灵活度高、创新性强的民营企业，尤其是战略性新兴产业对推动经济高质量发展具有更为显著的作用。随着传统要素带动经济增长的作用逐渐减小，创新在我国经济高质量发展中的作用逐步体现，新质生产力的重要性日渐显著。体量相对较小、运营模式灵活、创新能力突出的民营企业在参与战略性新兴产业建设中具有独特优势。

本部分使用城市专利授权情况和一般公共预算科技支出作为城市创新能力的代理变量，分析民营经济发展与城市创新能力之间的关系。参考干春晖的《中国产业结构变迁对经济增长和波动的影响》中的指标构造方式，构造产业结构指标[1]、产业整体升级指标[2]和产业结构高级化指标[3]，分析民营经济发展与产业结构升级之间的关系。

图 3-6 显示，地区创新能力与本地民营企业数量总体上呈现正相关特征，但是两者并非是简单线性关系，当民营企业数量低于一定数量时，地区创新提升较慢；当民营企业数量提升到一定数量后，地区创新能力提升速度明显加快，显示出一定的规模效应。此现象反映出，大规模提倡创新投入可能并不适合所有地区，在民营企业数量较高的城市进行创新投入，可能具有更高的投入产出比。因此政策应该因地制宜，在民营企业数量较少的城市更加注重企业数量提升，在民营企业数量较多的城市更加强调创新引领。

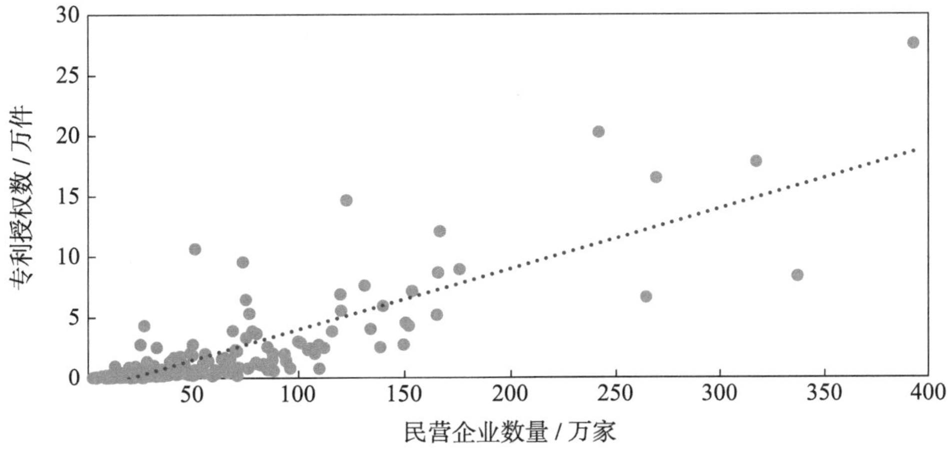

（a）各城市专利授权数（2022 年）

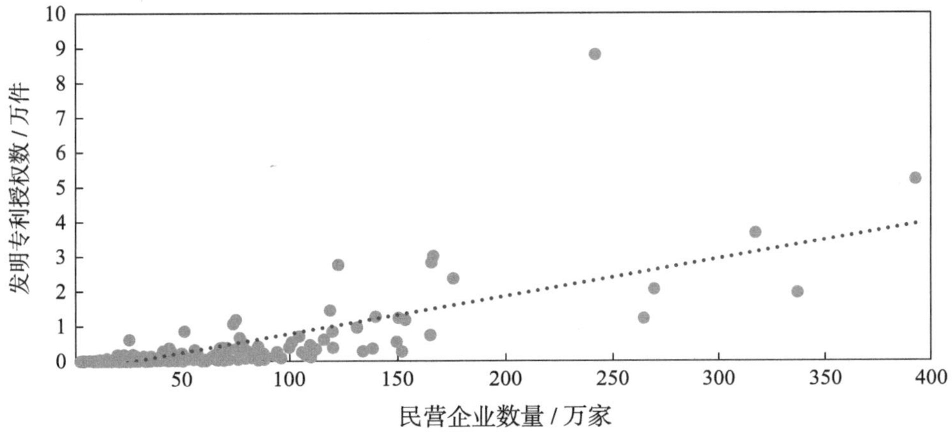

（b）各城市发明专利授权数（2022 年）

[1] 产业结构 = 第三产业增加值 / 地区生产总值。

[2] 产业整体升级 = 第一产业增加值占 GDP 的比重 ×1+ 第二产业增加值占 GDP 的比重 ×2+ 第三产业增加值占 GDP 的比重 ×3。

[3] 产业结构高级化 = 第三产业增加值 / 第二产业增加值。

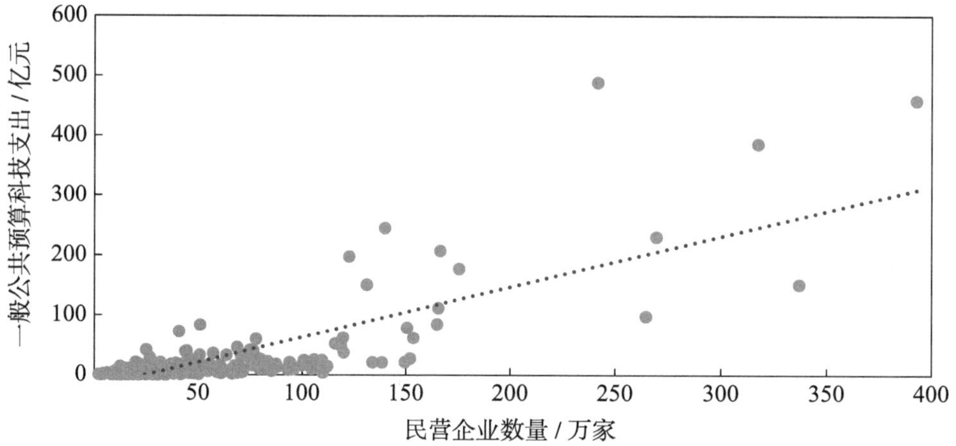

（c）各城市一般公共预算科技支出（2022 年）

图 3-6　民营企业数量与城市创新能力的相关性

数据来源：天眼查，《中国城市统计年鉴 2023》。

图 3-7 显示，民营企业数量高的城市其产业结构水平较高，即其第三产业所占的比重较高，但是其产业整体升级水平和产业结构高级化水平仅处于平均水平，反而民营企业数量最低的一部分城市，其产业整体升级水平和产业结构高级化水平最高，但是从图 3-6 来看，这些城市的创新能力极低，即这些城市出现了产业结构和创新能力倒挂的情况。由此得出的可能的启示是产业结构的合理化，即各产业间的合理比例，比产业结构的高级化对促进民营经济发展和高质量发展更加重要，当产业结构合理时，各产业之间处于相互促进的关系之中，而一味追求没有创新基础的产业高级化，可能会对传统行业中的民营企业造成“挤出效应”，不利于经济的平衡发展。

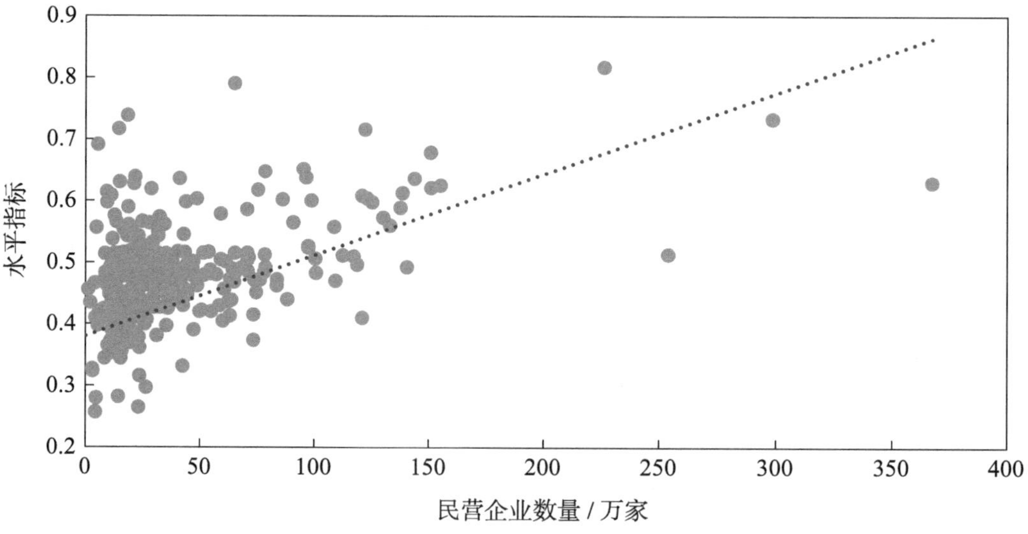

（a）各城市产业结构水平（2022 年）

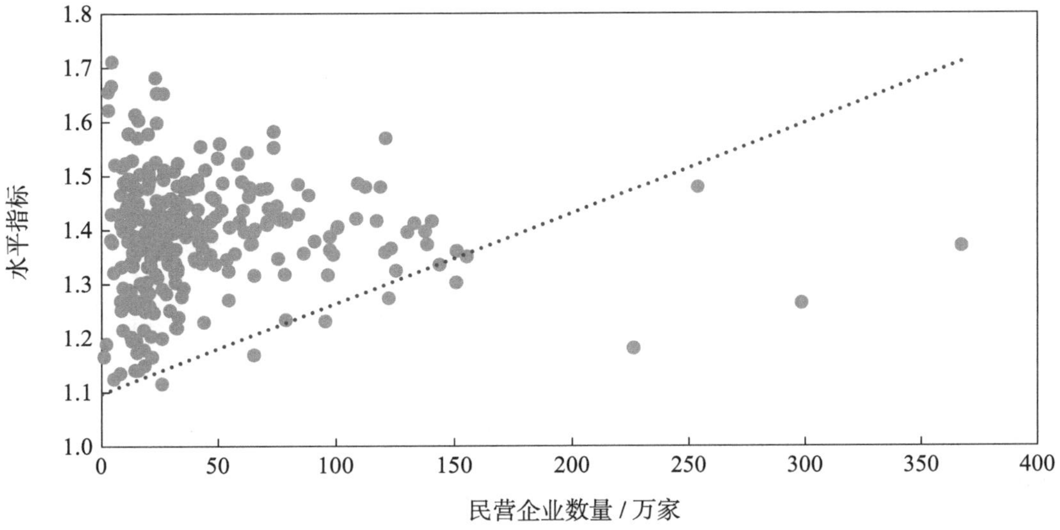

（b）各城市产业整体升级水平（2022 年）

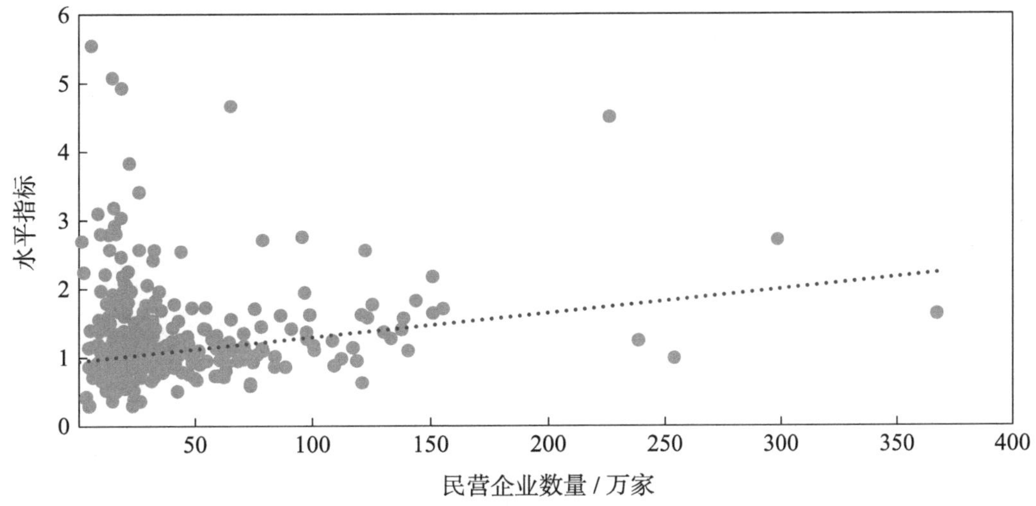

（c）各城市产业结构高级化水平（2022 年）

图 3-7　民营企业数量与产业升级的相关性

数据来源：天眼查，《中国城市统计年鉴 2023》。

（四）共同富裕与协同发展

“共同富裕”的概念早已有之，其具体内涵随着中国特色社会主义建设与改革实践不断深化。习近平总书记指出，“共同富裕是全体人民共同富裕，是人民群众物质生活和精神生活都富裕”，在党的二十大报告中强调了“坚持多劳多得，鼓励勤劳致富，促进机会公平”。表明实现共同富裕是新时代建设中国特色社会主义现代化强国的应有之义。当前，“共同富裕”是一个总体概念，是与“全面小康社会”接续的、提档升级的、中国社会主义现代化建设新阶段的奋斗目标。但是当前中国仍面临总体发展水平不够高、收入和财产差距过大、中等收入人群比重偏低、基本公共服务均等化程度不高等一系列挑战，以及地区发展不平衡、城乡发展不平衡、行业收入差距大等问题。解决这些挑战和问题对于实现共同富裕和推动协同发展具有重要意义。

从理论上讲，民营经济的高质量发展对于促进共同富裕和城乡、居民、产业协同发展至关重要。民营企业的高质量发展能够产生产业聚集效应，使优势互补型企业协同合作，促进产业链上下游之间的均衡共富；同时，民营企业对劳动力的需求，特别是对农村劳动力的需求，对于促进农民增收和农村消费极为重要，进而对城乡协调发展产生积极影响。由于民营企业具有灵活适应市场的特点，民营企业可以在相对较短的时间内大量聚集，进而促进城市群和都市圈的形成，使得一定区域内的市场一体化成为可能，并最终促进整个地区消费水平提升。从区域产业发展来看，区域产业中的资本集聚和劳动力集聚均促进了经济增长，这种集聚对于区域经济总量增长与区域经济协调发展均起到了显著的促进作用。

本部分将从“富裕”和“共享”两个维度构建相关指标，探究民营经济发展与共同富裕之间的关系。

用基尼系数衡量各省的收入分配情况，基尼系数越大则收入分配越不均衡，因此用基尼系数作为经济发展成果共享程度的代理变量。人均 GDP 是反应地区经济发展水平的重要指标，用此指标作为富裕程度的代理变量，绘制人均 GDP 与基尼系数的散点图（见图 3–8）。结果显示，我国大部分省份的共同富裕发展程度较为接近，但部分省份表现较为突出。更进一步，使用人均 GDP 水平和平均基尼系数水平将散点图分为四个区域，可将各省共同富裕程度分为富裕领先（第一象限）、共富领先（第二象限）、共同领先（第三象限）、共富滞后（第四象限）四个类别。结果表明，福建、北京、上海等省市在总体富裕程度和发展成果共享情况方面均表现优秀，位于共富领先象限；山东、广东、浙江、江苏等省份虽然总体富裕程度表现突出，但在成果共享方面相对较差，属于富裕领先类型。

通过图 3–8 发现，富裕程度较高的省份均为东南沿海地区民营经济发展程度较高的省份，这印证了民营经济对经济增长的重要作用。进一步分析发现，福建、北京、上海等共同富裕程度较高的省份，政府均发挥了较为重要的作用，在公共服务，特别是政务服务方面有突出表现。综上分析，民营经济的高度发展是共同富裕的基础，而良好的政商关系是由富裕走向共富的重要辅助。

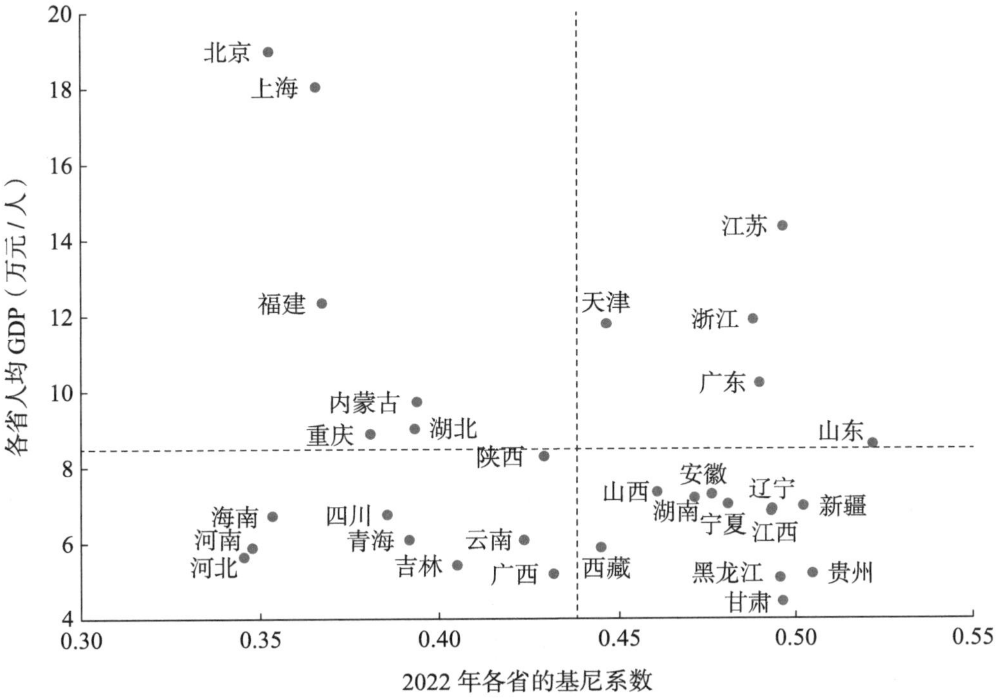

图 3–8　各省共同富裕发展情况

数据来源：国家统计局。

注：辽宁和江西的样本点相距较近。

城乡二元结构是中国特有的经济现象，对中国经济发展特别是城乡共同富裕具有重要影响，因此分析民营经济发展与城乡收入差距的关系就极为重要。图 3–9 是基于 2022 年省际截面数据绘制的非国有经济发展与发展成果共享程度（城镇居民人均可支配收入与农村居民人均可支配收入之比）之间的关联图。结果显示，地区的民营经济发展程度与城乡收入比之间存在明显负相关关系。民营经济发展程度越高，城乡居民可支配收入差距越小，发展成果共享程度越高。这意味着，非国有经济的蓬勃发展不仅带动了整体经济的增长，还能够促进社会财富的均衡分配，使得城乡居民在可支配收入上逐渐走向平衡，推动我国共同富裕事业的发展。非国有经济由于其灵活性和创新性，往往能够更快地适应市场变化，抓住发展机遇，从而创造更多的就业机会和财富。这些财富的增加，不仅可以提高城镇居民的可支配收入，还可以为农村居民提供更多的增收渠道，缩小了两者之间的收入差距。此外，民营经济的发展也促进了城乡之间的经济交流与融合。随着市场体系的不断完善，城乡之间的经济联系日益紧密，农村居民可以更加便捷地参与到市场经济中来，分享经济发展的成果。这种交流与融合，不仅有助于缩小城乡收入差距，更有助于实现发展成果的共享。

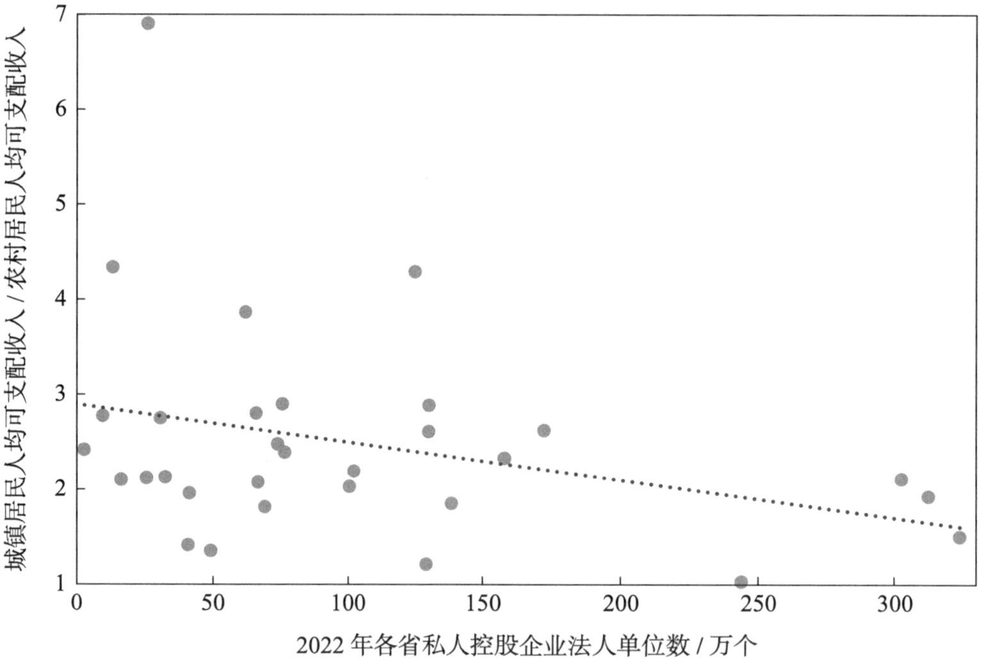

图 3-9　民营经济发展程度与城乡收入差距的相关性

数据来源：国家统计局。

政府提供的公共服务是维护社会公平、缩小贫富差距的重要保障，而民营经济的发展为政府提供税收收入、为民营企业就业人员提供社保资金，为政府高水平的公共服务投入提供有力支撑。从图 3-10 可以看出，政府的教育支出和社会保障（医疗保险参保人数）与当地民营企业数量呈高度正相关关系。

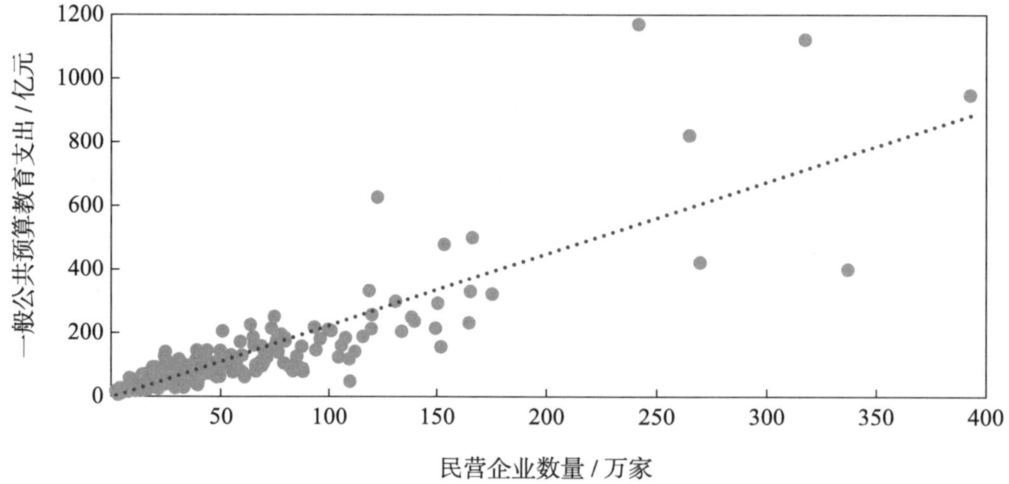

（a）各城市一般公共预算教育支出（2022 年）

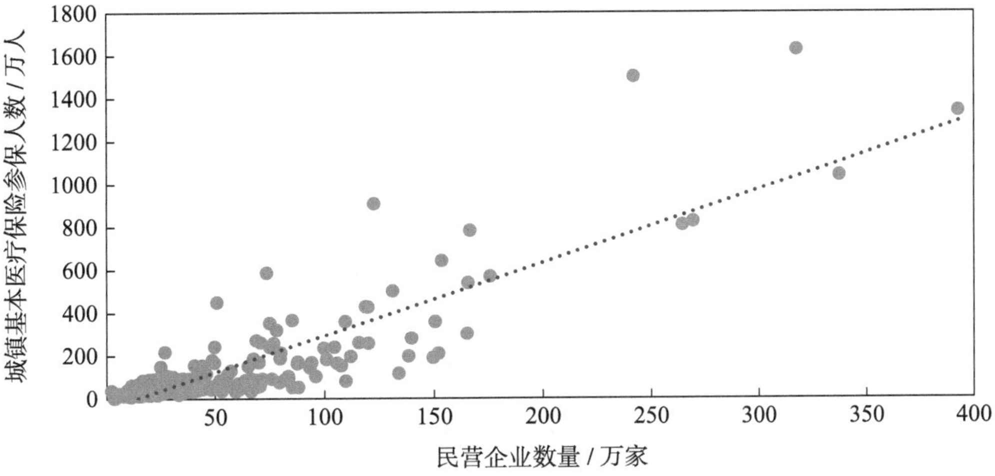

（b）各城市城镇基本医疗保险参保人数（2022 年）

图 3-10　民营企业数量与公共服务投入的相关性

数据来源：天眼查，《中国城市统计年鉴 2023》。

（五）对外开放

由“分配失衡”转向“共同富裕”是我国进入高质量发展阶段的重要特征之一。而构建新发展格局，增强国际合作与竞争新优势，深度融入经济全球化进程是实现高质量发展和共同富裕的重要方面。

图 3-11（a）、（b）、（c）显示，进口、出口和进出口总额与民营经济发展高度正相关。民营经济的发展在一定程度上代表了当地的总体经济发展水平，因此进出口额与民营企业数量的正相关关系显示出对外开放和贸易的重要性，在当前复杂的国际形势下，应更加重视深化对外开放程度、优化对外贸易结构。图 3-11（d）显示贸易顺差的多少与民营企数量的相关性较弱，可能的启示是推动高质量发展和促进地区经济活力并不必然要追求大量的贸易顺差，这也为以国内大循环为主体、国内国际双循环相互促进的新发展格局的科学性提供了部分证据。

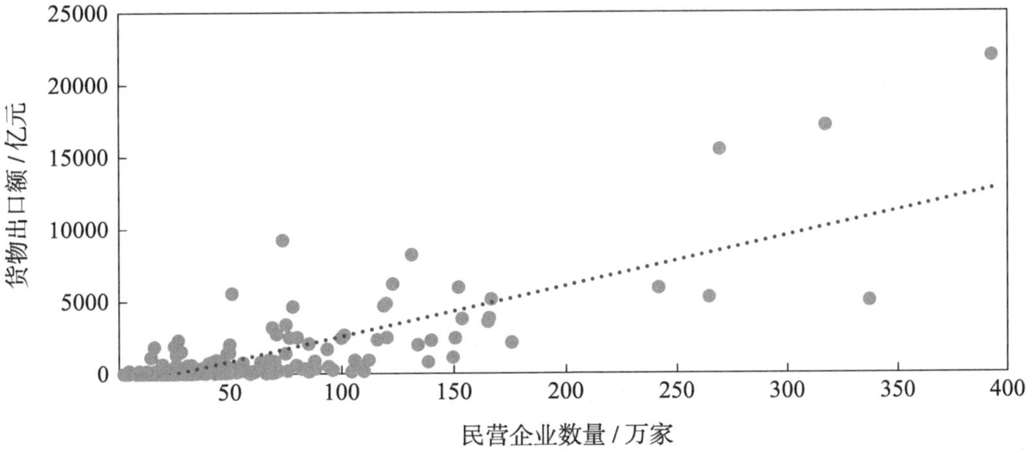

（a）各城市货物出口额（2022 年）

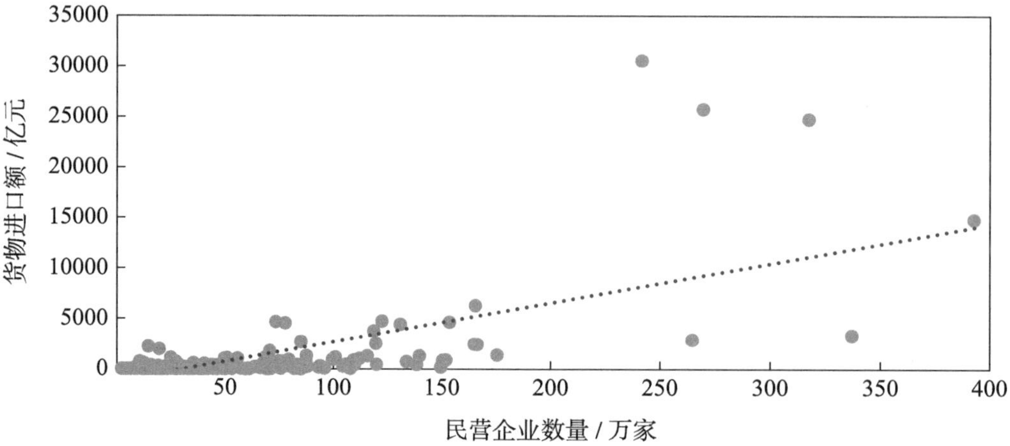

（b）各城市货物进口额（2022 年）

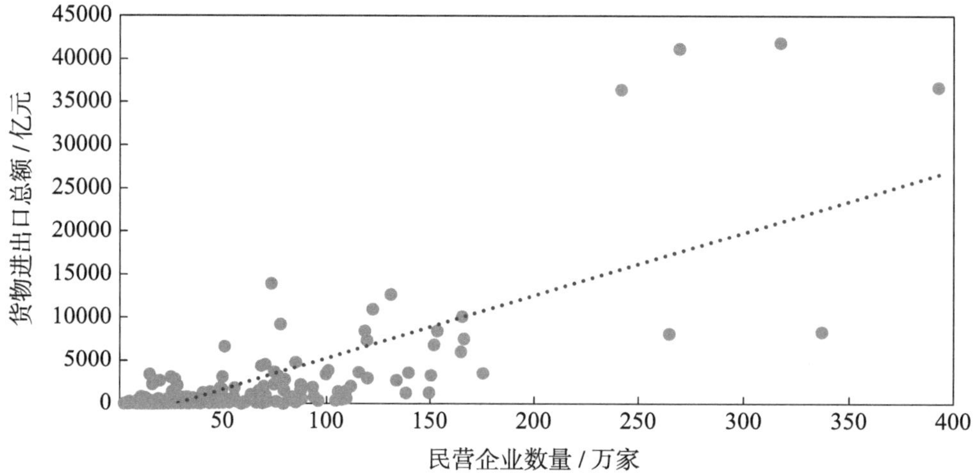

（c）各城市货物进出口总额（2022 年）

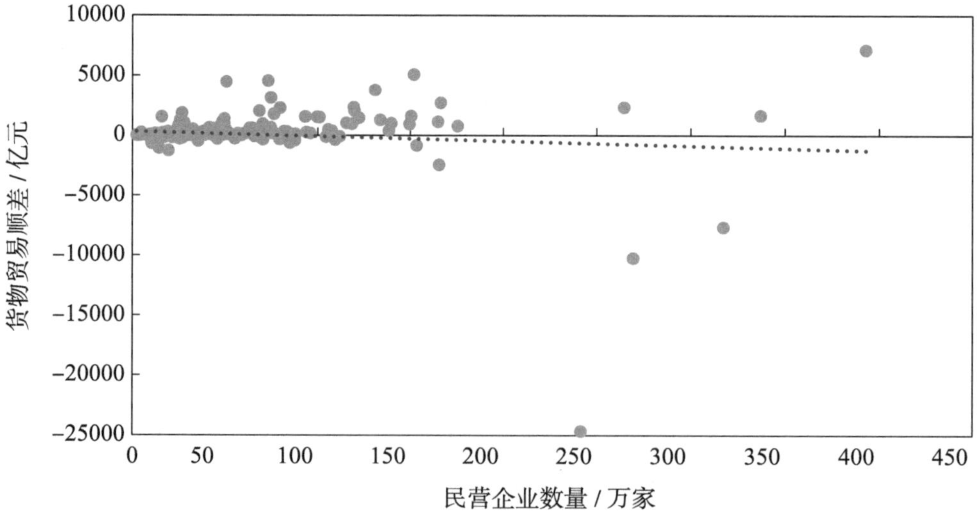

（d）各城市货物贸易顺差（2022 年）

图 3-11　民营企业数量与对外贸易的相关性

数据来源：天眼查，《中国城市统计年鉴 2023》。

第四章

民营企业发展环境变化

在我国持续推进的市场经济革新历程中，一个显著的标志便是民营经济板块的蓬勃壮大，它与公有制经济共同构建了相互支撑、功能互补的经济格局。当民营经济展现出强劲的增长态势时，社会焕发出更加充沛的活力，经济增长步伐加快，就业市场的质量与效益同步提升，甚至间接促进了国有经济部门的优化与发展。民营经济在我国迈向现代化道路的进程中扮演着不可或缺的角色，是推动高质量发展的基石。

近年来，我国在优化民营经济发展环境方面作出了巨大努力，通过实施商事制度改革和市场准入负面清单等措施，市场准入门槛降低。然而，民营经济的发展空间仍有待拓展，尤其是在一些关键产业领域，民营资本的进入和发展仍面临挑战；在融资等环节，民营经济仍然遭受到一定程度的不公平对待。有学者将民营经济在实际运行中面临的问题形象地总结为“三道门”，即政策不落地的“玻璃门”，执行中程序繁杂的“旋转门”，准入门槛似低实高的“弹簧门”。本章借鉴中国中小企业发展促进中心每年编制的中小企业发展环境评估报告，从市场、法律、融资、创新和政策五方面说明中小企业和民营企业发展环境的变化。

一、发展环境变化

工业和信息化部委托中国中小企业发展促进中心等单位开展了中小企业发展环境第三方评估工作，于2019年发布《2019年度中小企业发展环境第三方试评估报告》，并于2020—2023年连续四年发布了《中小企业发展环境评估报告》，报告于全国选取重点城市，围绕市场环境、法治环境、融资环境、创新环境、政策环境5个一级指标以及若干个二级、三级指标，对重点城市发展环境进行量化评估。本章基于《中小企业发展环境评估报告》历年评估数据，分析中小企业、民营企业发展环境变化情况。

由于《2019 年度中小企业发展环境第三方试评估报告》以及《2023 年度中小企业发展环境评估报告》中未披露城市发展环境得分，故本章城市各级指标得分均基于 2020—2022 年数据分析，其中参评城市选取 4 个直辖市、5 个计划单列市和 27 个省会城市，共计 36 个典型城市作为评估对象，由第三方机构通过地方政府部门填报，企业网上调查，实地调研及第三方穿行测试，公开统计数据，政府网站、媒体及权威机构获取数据资料 5 个主要途径独立开展评估，参评城市及各年得分情况见第四章附录。

（一）市场环境

市场环境包括市场准入、要素保障、政务服务、经营主体、公平竞争 5 个二级指标。市场准入是市场管理机构对国内外的法人、其他组织或个人，以及商品或服务进入一定市场、参与市场交易活动的约束与限制；要素保障指为了确保经济活动、生产过程或特定项目顺利进行，对所需的各种基本资源和条件进行的规划、配置和管理；政务服务是衡量政府服务数量、质量和效率的重要指标；经营主体指参与市场经济活动的各类企业的数量、质量、活力等情况；公平竞争指在市场中不同所有制、规模的企业能够在同等条件下参与竞争，享有平等的市场准入机会和公平的市场规则。

总体来看，中小企业发展市场环境基本平稳。2022 年参评城市平均得分为 51.33，同比下降 6%，得分排名前三的城市是深圳市、广州市和南京市（见图 4–1）；得分排名前 50% 的城市平均得分为 61.23，同比下降 1%（见图 4–2）。分地区看，2022 年各区域市场环境表现差距扩大，东部地区市场环境持续改善，优化效果明显，东北地区市场环境表现波动较大，市场环境得分为 44.29，同比下降 22%（见图 4–3）。

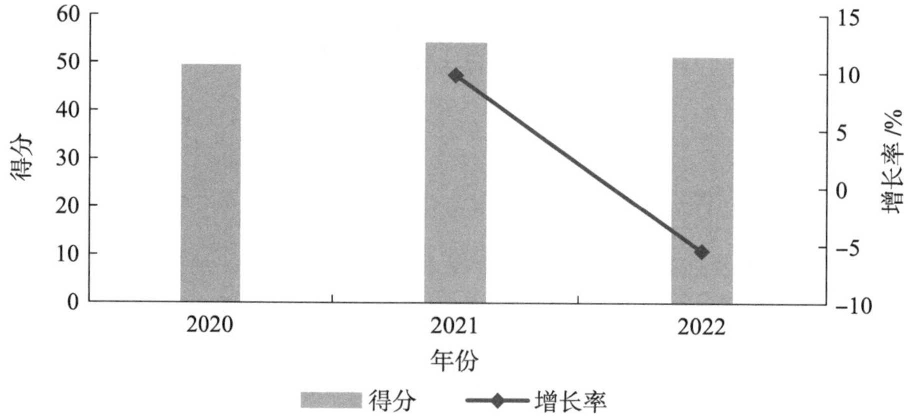

图 4–1　2020—2022 年参评城市市场环境平均得分及其增长率

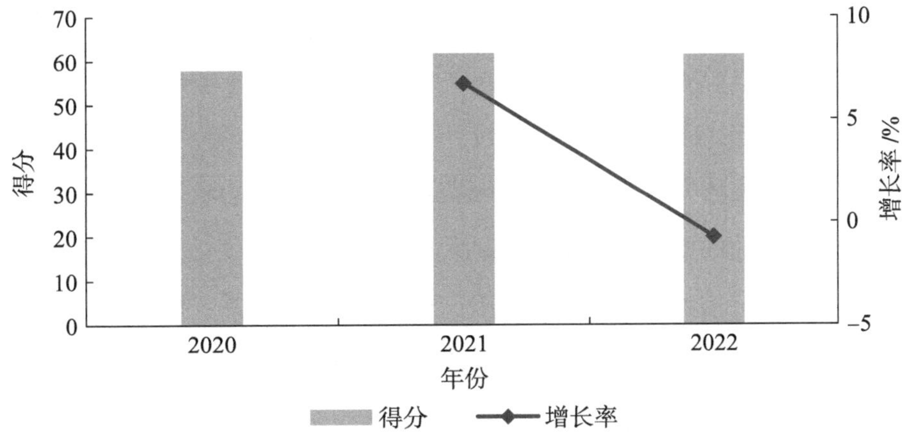

图 4-2 2020—2022 年参评城市市场环境得分排名前 50% 的城市平均得分及其增长率

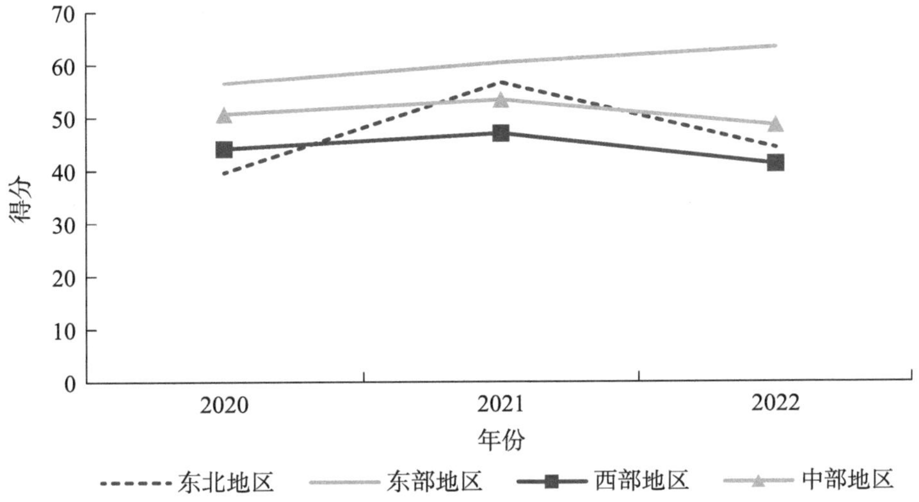

图 4-3 2020—2022 年参评城市分地区市场环境得分情况

在市场准入方面，有序放宽市场准入条件，激发经营主体活力。2024 年 8 月，《中共中央办公厅 国务院办公厅关于完善市场准入制度的意见》印发，要求完善清单管理，坚持“全国一张清单”，自 2018 年以来，清单事项数量从 151 项减少到 117 项，其中主要包括服务业，如养老、医疗等得到放宽，提高服务业行业竞争水平，保障重要民生领域；优化准入环境，特别针对深海、航天等新兴领域；依据产业布局设置准入试点，选择重点地区制定和推出放宽市场准入的措施，统筹规划；加强内外资准入政策协同联动等。这些措施的出台，促进了市场活力和创新能力提升，为各类经营主体提供了更加广阔的市场空间和发展机遇。

在要素保障方面，帮助中小企业解决融资、生产、转型等问题，促进其健康发展。在融资上，持续降低中小企业融资门槛和成本，创新融资方式，深化产融对接；在生产上，2022 年工业和信息化部提出将处于产业链关键节点的中小微企业纳入重点产业链供应链“白名单”，保证产业链供应链稳定；在转型上，针对专精特新中小企业实施财政激励政策，建设数字化硬性基础设施、软性基础设施和转型服务体系，推动中小企业和产业园区数字化转型升级，组织开展城市试点，旨在为中小企业提供更加有利于创新和成长的市场环境。

在政务服务和经营主体方面，通过加强政策落实力度、简化行政审批流程、强化合法权益保护等举措支持中小企业的发展，经营主体量质均有提升。政府优化线下政务服务体系，设置政务服务窗口，实现“一窗办多事”，办事效率与服务质量双提升；提高线上接办效率，高频业务办理向线上转移，简化线上办理流程；同时推进关联事项集成办，容缺事项承诺办，优化政务服务流程，提升数字技术应用，提高事项办理效率。

在公平竞争方面，严格制定、落实公平竞争政策制度。2017 年 10 月，国家发展改革委等部门制定《公平竞争审查制度实施细则（暂行）》，明确了审查机制和标准，保障各类企业平等参与市场竞争（该《细则》已于 2021 年 6 月失效）；2024 年 8 月，《公平竞争审查条例》正式实施，首次以行政法规的形式对公平竞争审查的对象、标准、机制、监督保障等进行了规定。对于民营中小企业面临的市场准入、反垄断、财税支持、融资促进等问题均大力保障和支持，旨在为中小企业创造一个更加公平、透明、有利于创新和成长的市场环境。

（二）法治环境

法治环境包括权益保护、行政执法、司法保护 3 个二级指标。权益保护指保障中小企业的合法权益、帮扶困境中的中小企业；行政执法指政府相关部门依照法律法规对经营主体进行监管、服务和管理；司法保护指通过法律手段确保中小企业的合法权益得到有效维护。

总体来看，参评城市法治环境得分先升后降。2022 年参评城市平均得分为 62.06，同比下降 18%，得分排名前三的城市是深圳市、南京市和广州市（见图 4–4）；得分排名前 50% 的城市平均得分为 75.41，同比下降 16%（见图 4–5）。分地区看，2022 年各区域法治环境表现均有所下滑，西部地区下滑幅度最大，法治环境得分为 49.82，同比下降 30%（见图 4–6）。

在权益保护方面，不断完善中小企业合法权益保护机制，畅通、拓宽维权渠道。2020 年 9 月《保障中小企业款项支付条例》正式实施，已有北京、上海、西安、青岛、宁波等多地制定本市或转发本省条例实施细则；2021 年 9 月，中国中小企业发展促进中心推出了“中小企业权益保护平台”，提供法律和政策咨询服务，帮助企业解决实际问题；2024 年 8 月，最高人民法院发布《关于大型企业与中小企业约定以第三方支付款项为付款前提条款效力问题的批复》，有效处理中小企业款项拖欠问题，确保中小企业在合同交易中的合法权益得到维护。中小企业权益保护不断完善。

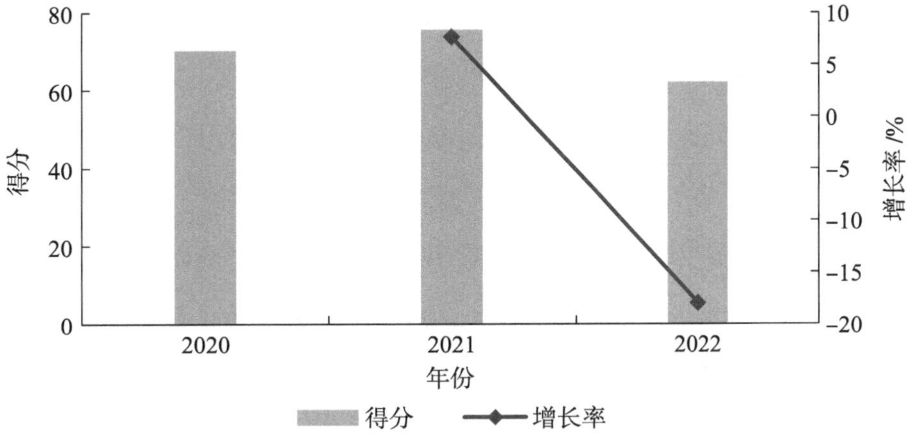

图 4-4　2020—2022 年参评城市法治环境平均得分及其增长率

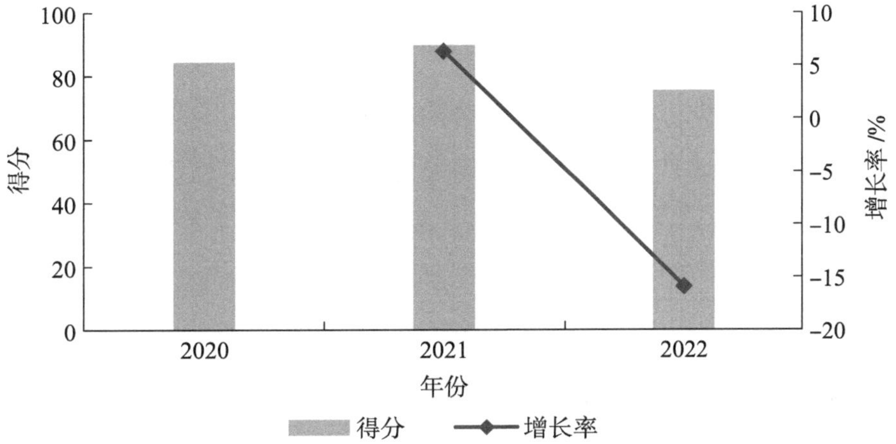

图 4-5　2020—2022 年参评城市法治环境得分排名前 50% 城市平均得分及其增长率

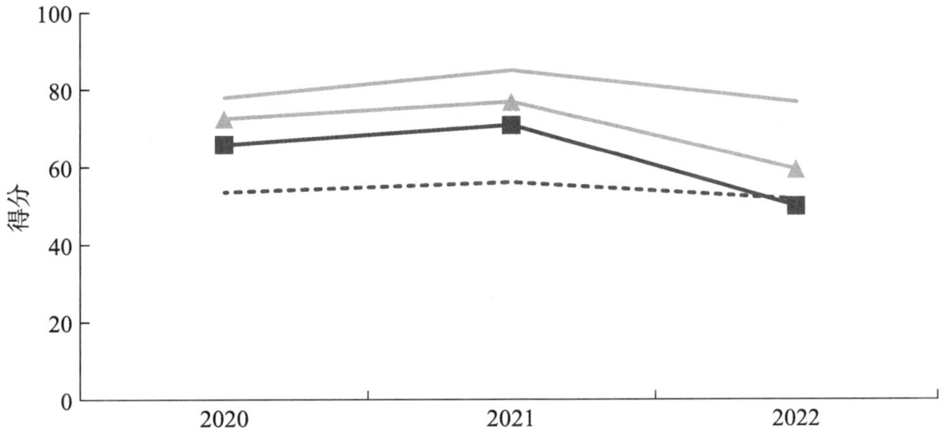

图 4-6　2020—2022 年参评城市分地区法治环境得分情况

在行政执法方面，积极推行包容审慎执法。2019 年 8 月印发的《国务院办公厅关于促进平台经济规范健康发展的指导意见》提出，要创新监管理念和方式，实行包容审慎监管。各地积极推行柔性执法，例如石家庄市严格落实行政执法裁量基准，制定了 236 个事项的市级轻微违法行为包容免罚清单。哈尔滨市向社会公布审慎执法“四张清单”（共计 1979 项），其中，不予行政处罚事项清单 667 项，从轻行政处罚事项清单 905 项，减轻行政处罚事项清单 383 项，不予实施行政强制措施事项清单 24 项。但是审慎执法并不意味着姑息违法行为，对于严重违反法律的行为，仍然要从严打击。

在司法保护方面，通过政策引导和实体服务加强司法监督。2022 年 1 月发布的《最高人民法院关于充分发挥司法职能 助力中小微企业发展的指导意见》，即“司法助力中小微企业发展 20 条”，从营造中小微企业公平竞争的市场环境、切实加强中小微企业产权司法保护等 6 个方面提出 20 条举措，各地也积极建立法律服务中心、法制化营商环境联席会议制度等，司法保护覆盖范围和力度加强。但中小企业司法保护仍存在问题，众多企业指出，司法程序缓慢、判决执行不易以及知识产权保护困难等问题仍然存在。为了构建一个对中小企业更为稳定、公正和透明的法治环境，需要进一步强化、落实相关措施。

（三）融资环境

融资环境包括贷款获得、信用与担保、创业投资、融资满意度 4 个二级指标。贷款获得是指中小企业在融资过程中获得银行或其他金融机构贷款的能力和情况；信用与担保是中小企业获取贷款和其他金融服务的重要条件；创业投资是指各类投资主体对处于创建或成长过程中的创业企业进行的投资活动；融资满意度是指中小企业对于融资过程和结果的满意程度。

总体来看，参评城市融资环境稳中向好。2022 年参评城市平均得分为 43.66，同比下降 0.1%，得分排名前三的城市是上海市、深圳市和杭州市（见图 4–7）；得分排名前 50% 的城市平均得分为 55.06，同比下降 1%（见图 4–8）。分地区看，各区域融资环境保持平稳，东部地区和东北地区得分略有下降；西部地区和中部地区得分持续上升，2022 年得分均较 2021 年有所提升（见图 4–9）。

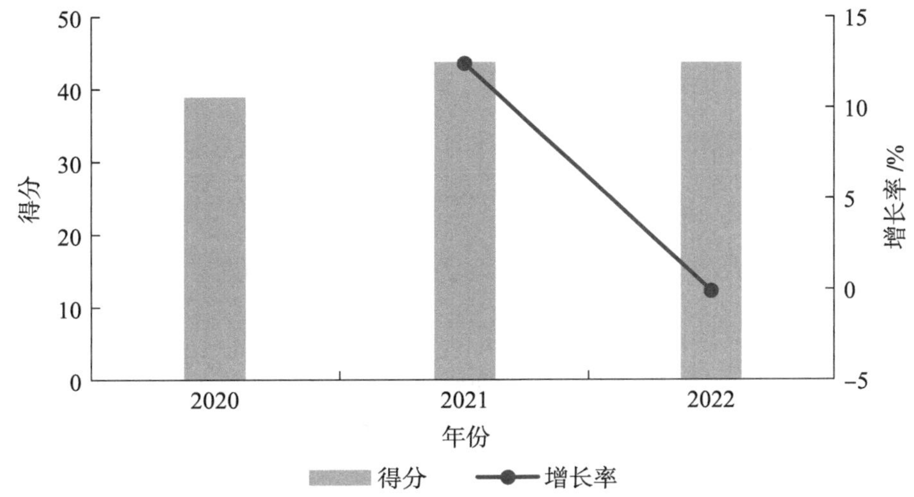

图 4-7　2020—2022 年参评城市融资环境平均得分及其增长率

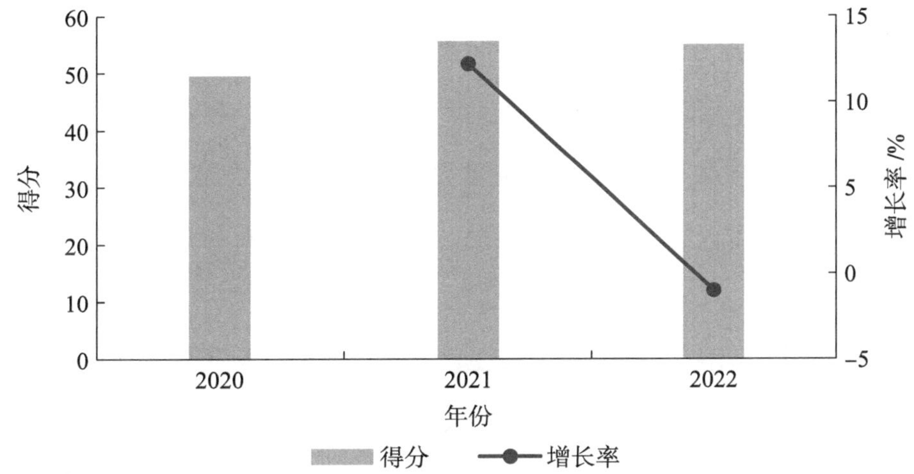

图 4-8　2020—2022 年参评城市融资环境得分排名前 50% 的城市平均得分及其增长率

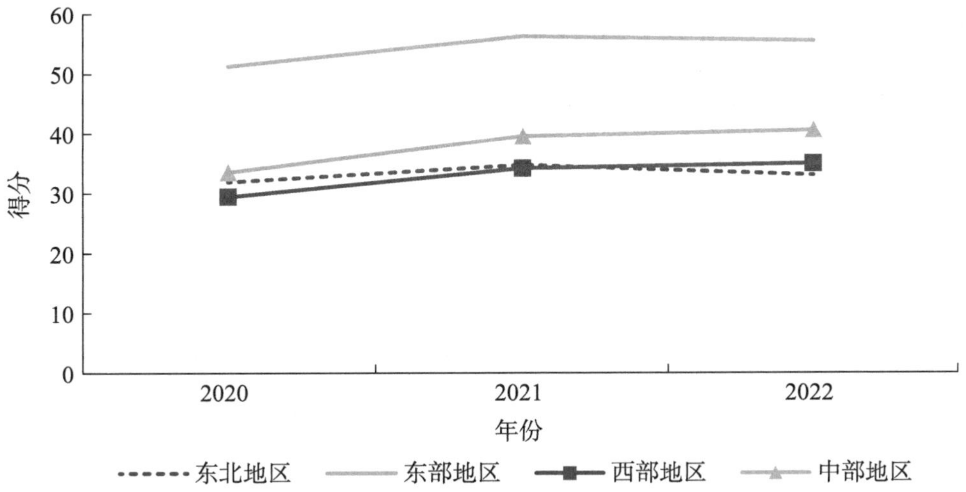

图 4-9　2020—2022 年参评城市分地区融资环境得分情况

在贷款获得方面，通过降低贷款门槛、丰富贷款来源、减少贷款成本等举措提高中小企业的贷款可获得性。普惠金融贷款快速增长，截至 2024 年二季度末，我国普惠小微贷款余额达 32.38 万亿元，同比增长 16.9%，增速比各项贷款高 8.1 个百分点，众多中小企业从中获益，多地如石家庄、哈尔滨等市出台降低贷款利率、进行贴息补助的相关措施。鼓励金融机构发展供应链金融、开发适合小微企业特点的金融产品和服务，如动产和权利质押融资业务。

在信用融资方面，通过丰富增信方式解决信息不对称的问题，推动金融机构向小微企业发放贷款。2023 年 11 月，中国人民银行等 8 部门联合印发《关于强化金融支持举措 助力民营经济发展壮大的通知》，《通知》指出积极开展产业链供应链金融服务，完善中征应收账款融资服务平台功能，以核心企业信用为供应链中小企业增信，实施“一链一策一批”；2024 年 3 月，《统筹融资信用服务平台建设提升中小微企业融资便利水平实施方案》发布，指导建立融资信用服务平台，平台具有信用信息查询、融资需求对接、惠企政策直达和融资增信服务等功能，实现信息高效共享，降低中小企业融资成本；人工智能、大数据手段逐步应用，银行可利用大数据等技术，优化信用评估模型，增加信用贷款投放，提高中小企业融资的可获得性。

在创业投资方面，从培育多元创业投资主体、拓宽创业投资资金来源、加强企资对接等方面促进创业投资高质量发展。2024 年 6 月《促进创业投资高质量发展的若干政策措施》印发，提出要鼓励行业骨干企业、科研机构、创新创业平台机构等参与创业投资；国家系列创业投资基金，包括国家新兴产业创业投资引导基金等，要充分发挥作用，引领社会资本投向新兴产业、未来产业；发挥沪深交易所科创板、创业板、全国中小企业股份转让系统等的功能，优化创业投资基金退出机制等；支持保险机构、资产管理机构等长期资金投向创业投资，鼓励创业投资机构发行公司债券和债务融资工具等。各类专项支持活动丰富，实施“科技产业金融一体化专项”，开展科技计划成果路演、专精特新中小企业“一月一链”等活动，加强与创业投资机构对接。

在融资满意度方面，受益于丰富的融资政策的制定和落实，中小企业的融资便利度和融资额度得到了较大提升，融资满意度也随之提升。各地通过降低融资门槛、创业投资基金引导等推动金融机构优化内部资源配置，增强金融机构服务小微企业的主动性和持久性。同时各地深化政银企对接，提供多渠道、便利化的信用服务。

（四）创新环境

创新环境包括创新载体、人力资源、创新投入、成果产出4个二级指标。创新载体是指为中小企业提供研发、设计、试验、成果转化等一系列服务，支持和促进中小企业创新活动的平台和机构；人力资源是指中小企业人才，包括他们的教育、经验、能力和创造力等；创新投入是指企业或政府为了推动技术创新、产品升级和提高市场竞争力而进行的资金、人力和其他资源的投入；成果产出是指通过创新活动所取得的成果，通常体现为企业的新产品、新技术、新服务以及知识产权等。

总体来看，参评城市创新环境持续优化，改善幅度不断加大。2022年参评城市平均得分为45.82，同比提升9%，得分排名前三的城市是北京市、杭州市和天津市（见图4-10）；得分排名前50%的城市平均得分为56.63，同比提升5%（见图4-11）。分地区看，各区域创新环境均态势向好，2022年中部地区和西部地区改善显著，得分同比分别提升16%、15%，地区间创新环境不平衡状况逐步缓解（见图4-12）。

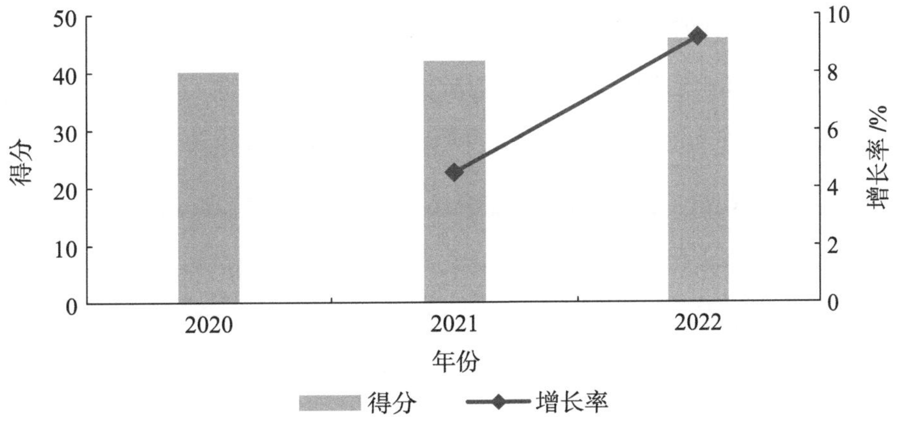

图4-10　2020—2022年参评城市创新环境平均得分及其增长率

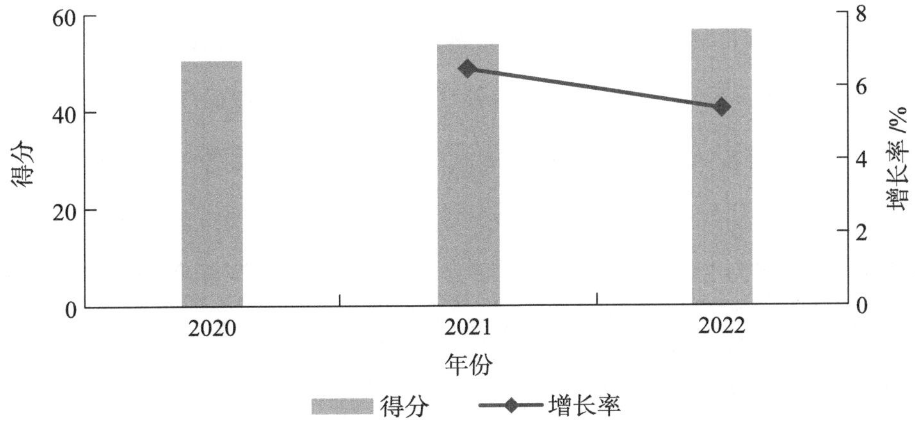

图4-11　2020—2022年参评城市创新环境得分排名前50%的城市平均得分及其增长率

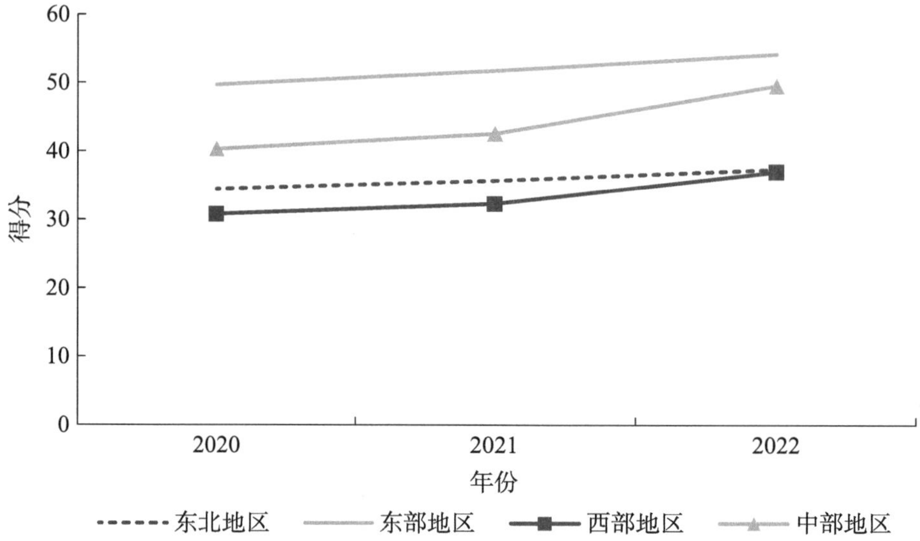

图 4-12 2020—2022 年参评城市分地区创新环境得分情况

在创新载体方面，各城市孵化链条不断完善，有效支撑中小企业成长。2018 年 8 月，《关于支持打造特色载体推动中小企业创新创业升级的实施方案》发布，安排专项资金支持引导国家级、省级开发区打造不同类型的创新创业特色载体。各地创新载体建设成效显著，众创空间、孵化器、加速器等如雨后春笋般涌现，财政支持、产学研协同、资本支持等举措合力推动地方创新载体建设。截至 2022 年，全国共有国家级科技企业孵化器 194 家；地方如哈尔滨市培育市级以上孵化器 126 家（含国家级孵化器 15 家）；深圳市构建“苗圃—孵化器—加速器”孵化培育链条，全市共有市级以上科技企业孵化器 150 家、众创空间 304 家，其中国家级孵化器 35 家、国家备案众创空间 110 家、国家专业化众创空间 3 家。

在人力资源方面，人才引进政策力度加大，积极推进人企对接。2021 年 12 月印发的《“十四五”促进中小企业发展规划》以及党的二十届三中全会均对完善人才政策作出要求。各地人才引进工作如火如荼，例如深圳市实施“孔雀计划”，提供最高 8000 万元的专项资助给海外高层次人才团队；海口市落实人才引进战略，2022 年共办理人才落户 11.54 万人；西宁市大力开展“民营企业招聘月”“金秋招聘月”等“13+N”公共就业专项活动，推进人企对接。

在创新投入方面，投入、奖补力度不断加大。企业高度重视研发，根据国家统计局发布的数据，2022 年各类企业研发经费达 23878.6 亿元，比上年增长 11.0%；高技术制造业研发投入 6507.7 亿元，投入强度为 2.91%。财政资金加大支持，“十四五”期间中央财政累计安排 100 亿元以上奖补资金，用于支持 1000 余家国家级专精特新“小巨人”企业，2024 年下达中央引导地方科技发展资金 59.92 亿元，支持和引导各地落实国家创新驱动发展战略和科技改革发展政策；实施税收优惠政策，出台研发费用税前加计扣除、科技成果转化税收减免等政策，激励企业增加研发投入；增加融资支持力度，2024 年 7 月财政部等四部门联合发布《关于实施支持科技创新专项担保计划的通知》，通过提高风险比例、合理设定费率、提高担保金额等方式，引导更多金融资源支持科创类中小企业。

在成果产出方面，创新成果加快涌现。截至 2024 年 7 月底，我国已累计公示了五批共计 12950 家专精特新“小巨人”企业，培育工作成果显著；2023 年全国共登记技术合同 94 万余项，同比增长 22.5%；成交金额达 6 万亿元，同比增长 28.6%；根据《中国民营企业发明专利授权量报告（2021）》，民营企业贡献了全社会 70% 的技术创新成果、80% 的专精特新“小巨人”企业和 90% 的高新技术企业，对于科技创新和社会进步起到了至关重要的作用。

（五）政策环境

政策环境包括组织领导、财政支持、服务促进、企业培育、政策落实 5 个二级指标。组织领导是指由政府相关部门或组织有关部门负责制定、执行支持中小企业发展的管理和决策活动；财政支持是指政府通过预算安排，为中小企业提供资金支持；服务促进是指政府或相关机构（组织）通过提供一系列服务措施，帮助中小企业解决在发展过程中遇到的问题；企业培育是指由政府或相关机构实施支持和促进中小企业创立和发展的措施和计划；政策落实是指采取系列措施，确保政策和法规的有效执行。

总体来看，参评城市政策环境先进后退，2022 年回退明显。2022 年参评城市平均得分为 44.53，同比下降 35%，得分排名前三的城市是上海市、厦门市和深圳市（见图 4–13）；得分排名前 50% 的城市平均得分为 57.12，同比下降 27%（见图 4–14）。分地区看，各区域政策环境得分均回落，2022 年西部地区政策环境得分下降幅度最大，同比下降 47%（见图 4–15）。

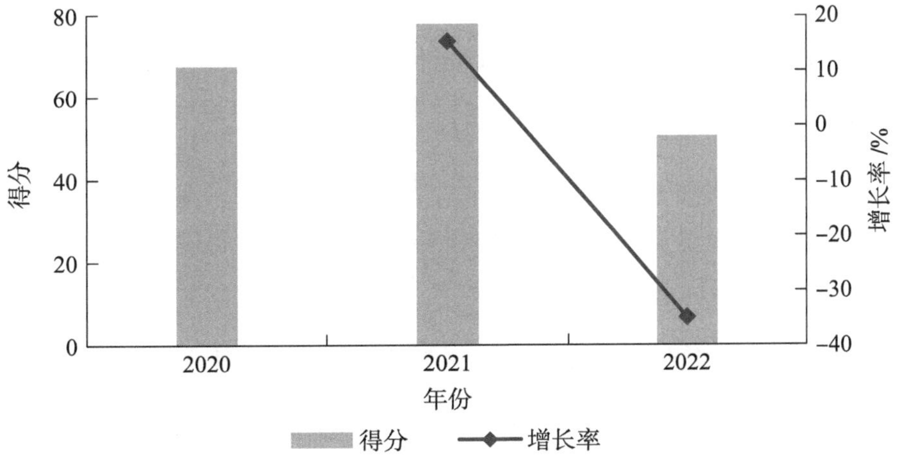

图 4–13　2020—2022 年参评城市政策环境平均得分及其增长率

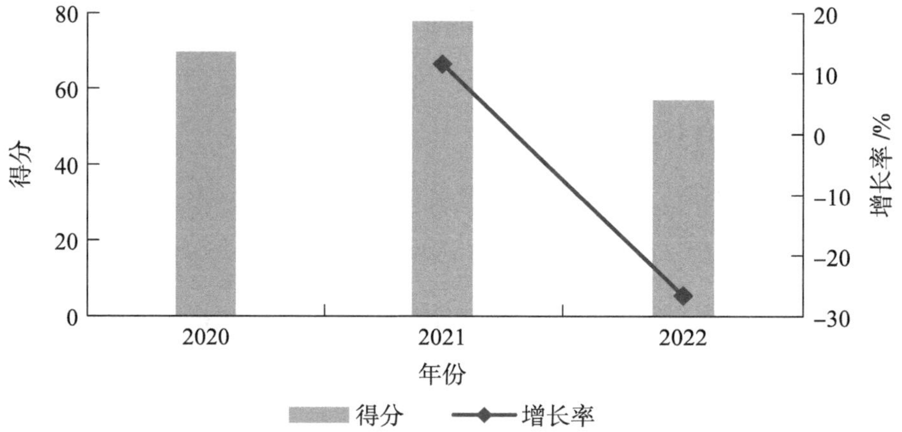

图 4-14　2020—2022 年参评城市政策环境得分排名前 50% 的城市平均得分及其增长率

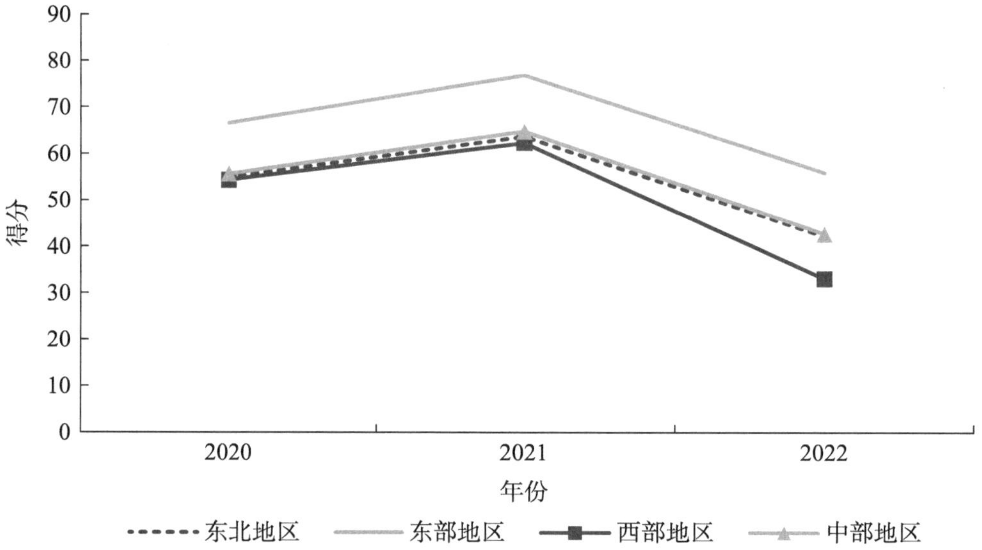

图 4-15　2020—2022 年参评城市分地区政策环境得分情况

在组织领导方面，多地成立专项领导小组，推动中小企业发展。2023 年 11 月，工业和信息化部发布《关于健全中小企业公共服务体系的指导意见》，要求各级中小企业主管部门加强对中小企业服务体系的领导和建设，确保中小企业服务落到实处。地方建设工作成效显著，2021 年，武汉市成立市促进中小企业发展工作领导小组，推动中小企业增量、壮大、提质；2022 年，石家庄市先后成立了优化营商环境领导小组和优化营商环境专项治理领导小组等，给企业增信心、拓市场、找销路。

在财政支持方面，减税降费、融资担保、政策奖补、金融引导等政策层出不穷。在普惠性减税降费政策之外，还设有针对小微企业的精准税费优惠政策，如自 2023 年 1 月 1 日至 2027 年 12 月 31 日，对增值税小规模纳税人、小型微利企业减半征收部分税项；在融资担保方面，对金融机构向小型企业、微型企业发放小额贷款取得的利息收入免征增值税；积极发挥国家融资担保基金作用，支持政府性融资担保机构为中小企业提供融资增信，国家融资担保基金贷款责任风险分担比例提高至不超过40%，代偿率上限从4%提高至5%；在金融引导上，截至2024年上半年，国家中小企业发展基金规模达到357亿元，已投资种子期、初创期成长型中小企业1200多家，大力促进中小企业发展。

在服务促进方面，各地中小企业服务体系逐步构建。服务范围涉及政策宣传和咨询、市场开拓、技术支持、人才培训、法律援助等。如济南市设立中小企业公共服务中心，搭建和完善“济企通”服务企业云平台，截至2022年，平台注册企业12万家，注册机构800余家，共发布1000多项服务；深圳市设立市中小企业志愿服务总队，推动成立若干服务支队和公益服务站（试点），截至2022年开展中小企业公益服务活动75场，涉及政策、知识、法律、融资、创新等多个领域，覆盖中小企业15000余家，共同营造帮扶企业发展的良好社会氛围。

在企业培育方面，构建梯度培育体系，以大带小；孵化链条不断完善，众创空间—孵化器—加速器支撑中小企业成长；服务体系精准化、健全化，针对中小企业的痛点、难点，如融资难、权益保护不到位等问题，提供全方位服务。目前企业培育成果显著，截至2024年7月底，累计公示12950家专精特新“小巨人”企业，为产业升级注入活力；根据《中国中小企业数字化转型报告2024》，已开始数字化转型的中小企业占比达98.8%，数字化转型广泛渗透；约11.4%的中小企业处于智能运营阶段，实现数据驱动的业务协同与智能决策。

在政策落实方面，为优化中小企业发展环境，国家和地方政府采取了一系列覆盖企业培育、融资、发展、创新等方面的措施，并不断加大落实力度，确保政策落到实处。根据《2022年度中小企业发展环境评估报告》，企业纾困政策的宣传和实施取得了积极成效，约有80%的企业表示对这些政策有所了解，覆盖面最广的是养老、失业、工伤保险费以及住房公积金和医疗保险费的缓缴政策，其中近50%的企业实际受益。在实地调研中，政策的稳定性和连续性是中小企业的关注重点。但部分地区还存在政策落实不到位的情况，如哈尔滨市的部分企业反映，政策传递的时效性不够高，对于政策的理解仍然存在困难，而且存在社保费减免等政策兑现周期较长的问题，对于短期困难的帮助有限。

二、中小企业发展环境评估发现的改善需求

（一）市场环境

中小企业所面临的市场环境仍存在一些问题，比如尽管市场准入门槛已经降低，但地方保护、市场分割等隐性壁垒仍然存在；不正当竞争等破坏公平竞争营商环境的行为仍有出现。需要加强款项支付、公平竞争等政策执行力度，完善中小企业服务体系，优化服务内容，深入企业生产一线，实时了解企业需求，提供更加专业和精准的服务；在项目招标、政府采购等方面，针对前置条件多、报名门槛高等情况，建议简化对供应商资格条件的形式审查，破除隐性壁垒；大力组织中小企业参加各类交流活动以拓展市场；主动与国内营商环境良好的地区进行交流，学习并借鉴其优秀的服务经验。

（二）法治环境

法治环境在 2022 年评估中的得分下降较大，可能的原因是受新冠疫情影响，损害中小企业权益的现象增多，维权成本较高，执法保护力度不足。要完善法治环境，可以学习北京市建立“12345”工作模式、武汉市建立法治化营商环境联席会议制度等，畅通企业诉求渠道，确保了解企业的真实困境，精准服务好中小企业。推动司法保护制度更加完善，柔性执法，为中小企业提供更加公平、透明、适宜发展的法治环境。

（三）融资环境

中小企业发展融资环境稳中向好，得益于丰富的融资政策，中小企业融资境况持续改善。要继续加大清偿工作以减轻中小企业资金负担。进一步完善针对中小企业欠款的投诉机制，加强对大型企业逾期未支付中小企业账款情况的信息披露；建议政府有关部门协调解决争议账款问题，整治大型企业、国有企业恶意拖欠中小企业账款的行为，不得强制中小企业接受商业汇票。拓宽中小企业增信渠道，推动知识产权质押融资、应收账款增信等融资体系建设，建议金融机构健全价值评估体系，统一评估制度及标准，科学评估风控，增强中小企业融资可得性。

（四）创新环境

创新环境在2020—2022年评估中的得分持续优化，这与国家注重创新投入、大力建设创新载体、实行企业梯度培育密切相关。未来仍需持续优化科技型中小企业创新研发、参与科研项目等的支持政策，保持政策的系统性、一致性和连贯性，激励专精特新中小企业发挥“强链”“补链”作用，推动中小企业数字化转型。

为解决中小企业在知识产权保护方面所面临的维权成本高、处理海外知识产权诉讼能力不足等问题，建议政府部门联合专业服务机构及志愿服务专家等力量，加强开展对中小企业的知识产权保护科普与培训工作。

建议增强人才培养引进的综合效益，打造人才支撑体系。统筹兼顾企业当前发展需求与产业长期发展目标，针对高端科研人才及一线技术人才短缺的现状，通过在医疗、教育、住房等方面提供政策扶持，缓解人才短缺问题。学习各地如杭州市出台“人才生态37条”，南宁市建立“智慧人才”一体化服务平台等举措。加大校企合作力度，分行业、分领域搭建人才交流平台，积极打造人才高地，提升城市对人才的吸引力。

（五）政策环境

政策环境在2022年评估中的得分大幅下降，可能受新冠疫情影响，政策落实度较差，政府服务、企业培育等难度提高。应提高中小企业服务体系运行效率，切实解决企业的难点、痛点；扩大部分惠企纾困政策的行业覆盖面，推出更具针对性的专项扶持政策及定向金融服务，密切关注、检查、督促政策落实情况，并结合企业生产经营现状不断完善惠企纾困政策，确保政策有效落地。

附录：2020—2022年中小企业发展环境评估中的参选城市及其得分情况

附表4-1　2022年中小企业发展环境评估中的参选城市及其得分情况

序号	城市	综合得分	市场环境得分	法治环境得分	融资环境得分	创新环境得分	政策环境得分
1	深圳市	79.42	80.63	96.04	79.46	66.16	74.82
2	上海市	76.64	68.85	81.43	89.11	66.07	77.75
3	南京市	71.11	77.92	94.34	56.79	62.55	63.93

续附表 4-1

序号	城市	综合得分	市场环境得分	法治环境得分	融资环境得分	创新环境得分	政策环境得分
4	广州市	70.96	79.60	91.32	59.42	55.41	69.04
5	北京市	70.60	55.32	78.67	60.73	85.20	73.07
6	杭州市	67.31	68.65	81.20	63.18	71.20	52.31
7	厦门市	65.27	62.58	83.78	52.49	51.18	76.33
8	宁波市	58.99	65.58	73.73	63.05	45.69	46.88
9	长沙市	57.95	46.88	80.07	50.84	49.38	62.56
10	青岛市	57.50	59.03	79.70	46.70	51.07	50.98
11	天津市	57.19	55.84	76.05	41.85	66.36	45.84
12	武汉市	55.53	60.55	68.42	45.62	58.39	44.65
13	合肥市	55.19	58.10	66.32	48.91	47.19	55.42
14	成都市	51.99	55.02	65.72	47.80	50.68	40.75
15	西安市	51.82	46.34	55.79	48.96	65.35	42.68
16	重庆市	51.48	49.15	52.53	44.30	46.46	64.98
17	济南市	50.89	53.47	65.03	44.66	42.61	48.70
18	福州市	49.77	58.55	67.18	47.21	38.41	37.49
19	南昌市	45.33	56.97	53.43	37.99	46.17	32.10
20	哈尔滨市	44.70	45.64	53.40	41.18	32.57	50.69
21	长春市	44.68	51.37	54.69	32.13	37.74	47.47
22	贵阳市	44.07	46.46	59.09	31.45	40.75	42.60
23	郑州市	43.11	43.34	46.83	37.02	54.83	33.53
24	石家庄市	42.41	48.89	57.55	40.60	30.77	34.22
25	昆明市	41.01	42.31	50.95	38.41	35.44	37.95
26	呼和浩特市	40.04	43.09	52.43	39.49	35.67	29.53
27	大连市	38.80	40.83	54.55	28.99	41.32	28.29
28	沈阳市	38.62	39.33	43.84	29.93	37.97	42.01
29	南宁市	37.33	40.96	43.67	42.32	26.60	33.08
30	海口市	37.20	50.85	47.77	31.13	25.57	30.68
31	银川市	37.17	43.55	49.83	29.44	30.23	32.82
32	西宁市	33.70	31.84	55.42	26.07	23.66	31.52

续附表 4-1

序号	城市	综合得分	市场环境得分	法治环境得分	融资环境得分	创新环境得分	政策环境得分
33	太原市	31.73	25.25	40.83	23.21	41.44	27.92
34	乌鲁木齐市	30.70	30.93	39.51	29.81	39.81	13.45
35	兰州市	26.53	25.56	38.07	15.54	37.58	15.92
36	拉萨市	24.56	38.82	34.81	26.10	11.90	11.17

附表 4-2　2021 年中小企业发展环境评估中的参选城市及其得分情况

序号	城市	综合得分	市场环境得分	法治环境得分	融资环境得分	创新环境得分	政策环境得分
1	上海市	84.36	75.74	97.63	82.31	77.64	88.47
2	深圳市	77.83	75.60	89.48	68.25	73.55	82.27
3	广州市	73.81	70.99	93.28	53.14	63.59	88.05
4	北京市	73.79	52.76	77.12	67.15	88.92	83.00
5	南京市	72.97	70.83	99.59	67.00	49.19	78.25
6	杭州市	72.88	70.87	88.99	67.05	54.53	82.95
7	宁波市	68.17	64.78	92.62	59.60	40.94	82.91
8	厦门市	67.42	63.92	91.47	61.24	42.49	78.02
9	成都市	67.15	61.76	89.08	59.70	48.73	76.48
10	天津市	66.59	58.76	97.35	38.19	63.26	75.37
11	青岛市	63.43	64.22	82.53	51.42	47.28	71.70
12	西安市	63.34	52.06	97.26	35.25	61.90	70.20
13	长沙市	63.21	58.29	95.26	52.06	41.62	68.81
14	合肥市	62.10	64.87	85.62	38.38	41.62	80.00
15	武汉市	60.66	55.06	76.43	43.20	55.83	72.80
16	重庆市	60.51	53.30	87.06	45.96	42.20	74.04
17	福州市	60.45	50.49	94.50	48.82	33.15	75.29
18	济南市	60.08	45.99	78.39	62.37	40.77	72.88
19	长春市	59.50	50.16	86.68	44.56	42.54	73.56
20	昆明市	59.47	51.53	85.36	42.79	37.99	79.68
21	郑州市	56.27	51.20	79.02	44.35	43.22	63.55
22	南昌市	56.16	54.42	81.34	44.46	39.88	60.71

续附表 4-2

序号	城市	综合得分	市场环境得分	法治环境得分	融资环境得分	创新环境得分	政策环境得分
23	哈尔滨市	51.32	49.91	56.11	44.63	31.42	74.52
24	石家庄市	49.11	37.60	69.06	37.30	29.28	72.30
25	贵阳市	48.94	52.33	64.20	32.10	33.76	62.32
26	兰州市	48.29	40.04	76.20	27.59	33.05	64.58
27	西宁市	48.16	39.63	75.45	31.24	23.24	71.23
28	呼和浩特市	47.48	48.43	75.77	34.31	22.77	56.13
29	南宁市	46.56	47.30	78.00	37.24	17.65	52.64
30	大连市	40.80	38.15	45.86	29.21	35.94	54.86
31	银川市	40.61	45.64	32.58	29.86	25.40	69.55
32	沈阳市	34.75	88.11	35.52	20.54	32.90	51.67
33	太原市	34.00	36.13	43.17	14.77	33.29	42.64
34	海口市	33.47	43.31	37.03	23.58	19.93	43.53
35	乌鲁木齐市	33.20	32.29	36.76	18.11	33.27	45.54
36	拉萨市	28.08	39.31	52.59	15.85	7.55	25.08

附表 4-3　2020 年中小企业发展环境评估中的参选城市及其得分情况

序号	城市	综合得分	市场环境得分	法治环境得分	融资环境得分	创新环境得分	政策环境得分
1	上海市	75.61	64.35	77.99	82.31	78.31	75.12
2	深圳市	73.28	73.57	87.84	62.42	68.51	74.06
3	南京市	69.89	69.69	97.22	65.65	46.62	70.29
4	广州市	68.40	66.51	89.48	47.83	54.00	84.16
5	北京市	68.18	49.25	67.61	56.28	88.16	79.59
6	杭州市	66.89	66.65	86.17	59.86	52.97	68.80
7	厦门市	63.24	59.86	89.13	59.31	41.67	66.22
8	成都市	62.38	56.60	84.59	54.49	44.89	71.34
9	天津市	62.07	55.57	88.74	33.28	63.26	69.49
10	宁波市	61.98	62.81	83.25	54.52	39.00	70.34
11	长沙市	58.61	55.46	88.73	48.32	39.78	60.74
12	合肥市	57.28	60.46	82.04	29.98	38.95	74.96

续附表 4-3

序号	城市	综合得分	市场环境得分	法治环境得分	融资环境得分	创新环境得分	政策环境得分
13	西安市	56.88	50.23	80.17	29.99	58.84	65.16
14	长春市	56.72	46.56	86.94	43.44	41.68	64.98
15	昆明市	56.42	48.84	83.76	40.13	35.81	73.55
16	重庆市	55.10	49.54	80.65	40.49	39.11	65.69
17	青岛市	55.06	60.53	70.67	42.50	44.12	57.47
18	福州市	55.04	43.74	93.01	41.38	32.65	64.42
19	武汉市	54.02	52.10	72.06	34.61	51.57	59.76
20	济南市	53.26	42.29	70.88	54.18	37.79	61.17
21	南昌市	53.07	51.72	80.19	39.33	38.77	55.37
22	郑州市	48.61	49.48	69.95	34.16	40.29	49.19
23	哈尔滨市	48.53	46.58	56.29	40.60	30.85	68.31
24	西宁市	45.77	33.57	76.08	28.16	22.99	68.04
25	兰州市	45.30	37.55	70.30	24.26	31.73	62.69
26	贵阳市	43.22	51.00	58.08	25.50	30.87	50.63
27	石家庄市	41.93	34.67	52.59	35.89	29.35	57.16
28	南宁市	41.24	44.40	70.90	31.75	16.97	42.18
29	呼和浩特市	39.27	45.23	66.47	23.50	22.55	38.59
30	银川市	38.93	43.22	32.76	26.59	25.08	67.02
31	大连市	34.34	33.71	40.30	24.71	33.05	39.93
32	沈阳市	31.95	31.71	30.60	18.97	32.19	46.27
33	太原市	31.57	34.68	42.09	14.76	32.55	33.79
34	乌鲁木齐市	31.32	29.85	35.52	15.07	33.34	42.80
35	海口市	30.61	41.14	37.16	22.43	19.48	32.84
36	拉萨市	22.88	39.16	50.59	13.35	7.17	4.14

第五章

民营经济投资及布局

在当今复杂多变的经济环境中，投资作为推动经济增长的关键动力，其重要性愈发凸显。特别是在经济下行压力加大、有效需求不足以及出口增长受限的背景下，投资对于稳定和促进经济增长具有不可替代的作用。在全社会固定资产投资规模中，民间投资以其超过半数的占比，成为这一领域的主力军，其动向和变化对整体经济的健康发展具有深远的影响。值得注意的是，2023 年民间投资规模首次出现下滑，这一现象引发了社会各界对民间投资健康状况及未来发展趋势的广泛关注。因此，深入分析民营经济的投资布局、民营企业投资影响因素并提出相应的对策建议，对于激发民间投资活力、优化资源配置、推动经济高质量发展具有重要意义。

本章将从民营经济投资的总量与增速、行业分布、产业构成、区域差异等多个维度进行综合分析，呈现民营经济的投资布局，并通过实证研究揭示负面舆论、关注度、不确定性感知、风险预期以及管理层短视等因素对民营企业投资行为的具体影响。在此基础上，本章提出加强正面舆论引导、增强企业预判能力、培养管理层长期投资思维、积极与外界沟通互动等建议，以期为民营企业的投资决策提供参考。

一、民营经济投资布局

（一）总量上，民间固定资产投资规模于 2023 年首次出现小幅下滑

图 5-1 描述了我国民间固定资产投资的变化趋势。民间固定资产的相关数据由国家统计局于 2012 年开始首次发布。民间固定资产投资是指具有集体、私营、个人性质的内资企事业

单位以及由其控股（包括绝对控股和相对控股）的企业单位建造或购置固定资产的投资。从图 5-1 可以看出，2012—2022 年，虽然民间固定资产投资在增长速度上震荡下行，但在规模方面呈现持续上升态势，从 2012 年的 153698 亿元增长到 2022 年的 310145 亿元，增长了一倍多。2023 年民间固定资产投资规模首次出现下滑，总量下降至 253544 亿元。这种变化主要是由房地产投资规模下降了 9.6% 的下拉作用导致的，除房地产投资外，基础设施民间投资规模增长了 14.2%，增速高于全部基础设施投资规模 8.3 个百分点，制造业民间投资规模增长了 9.4%，增速连续 6 个月回升。

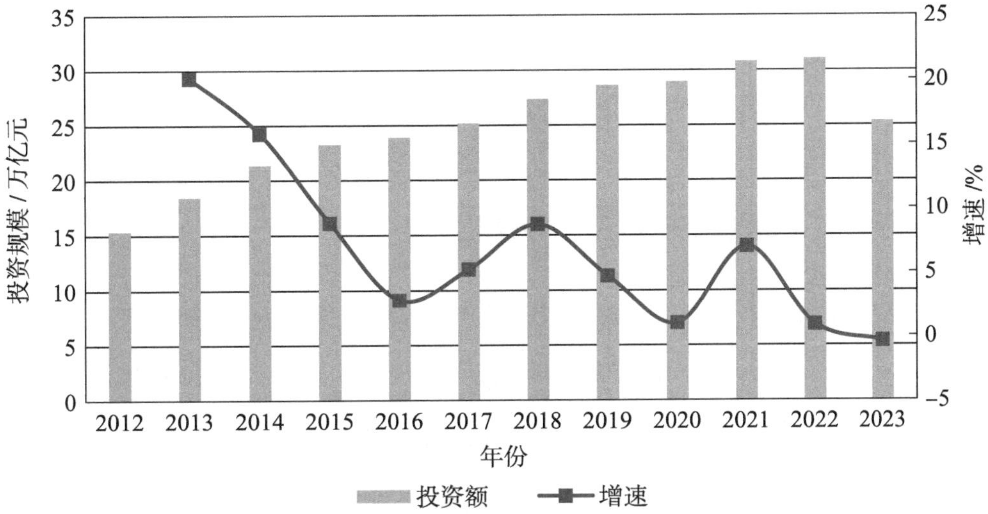

图 5-1　民间固定资产投资规模及其增速

数据来源：国家统计局。

上市民营企业的固定资产投资规模在统计期间逐年提高，而其增速波动较大。在投资规模方面，2009 年投资规模达到 806.44 亿元，2022 年增长到 15124.47 亿元，增长了约 18 倍，表明近年来上市民营企业在固定资产投资方面的积极性不断提高。在投资增速方面，每年固定资产投资规模均保持正增长，但其增速差异较大。2009 年增速仅为 3%，而 2010 年和 2011 年均以超过 80% 的增速增长，说明上市民营企业在经济复苏期加大了固定资产投资，除了 2013 年和 2019 年民营企业固定资产投资增长遇到了瓶颈外，其余年份均以两位数的增速增长。（见图 5-2）

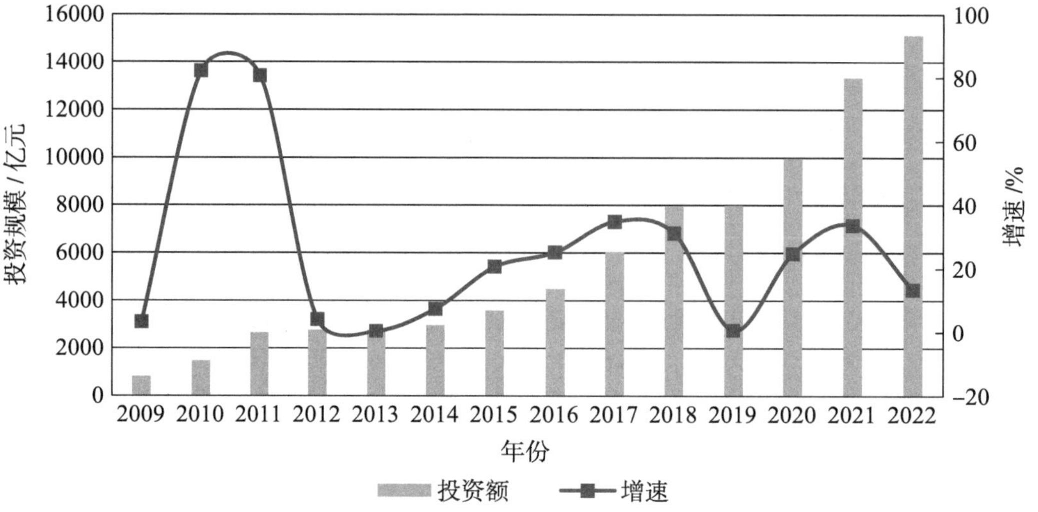

图 5-2　上市民营企业固定资产投资规模及其增速
数据来源：中国经济金融研究数据库。

（二）分行业看，制造业投资占主导地位

从上市民营企业的资本支出（即购建固定资产、无形资产和其他长期资产支付的现金）情况来看，2009—2022 年固定资产投资总体上呈现持续增长的趋势，从 2009 年的约 806 亿元增长到 2022 年的约 15124 亿元。其中，制造业的固定资产投资远高于其他行业，如图 5-3 所示，制造业投资占投资总量的 60%~90%，2022 年占比高达 83.5%，是实体投资的重要组成部分。

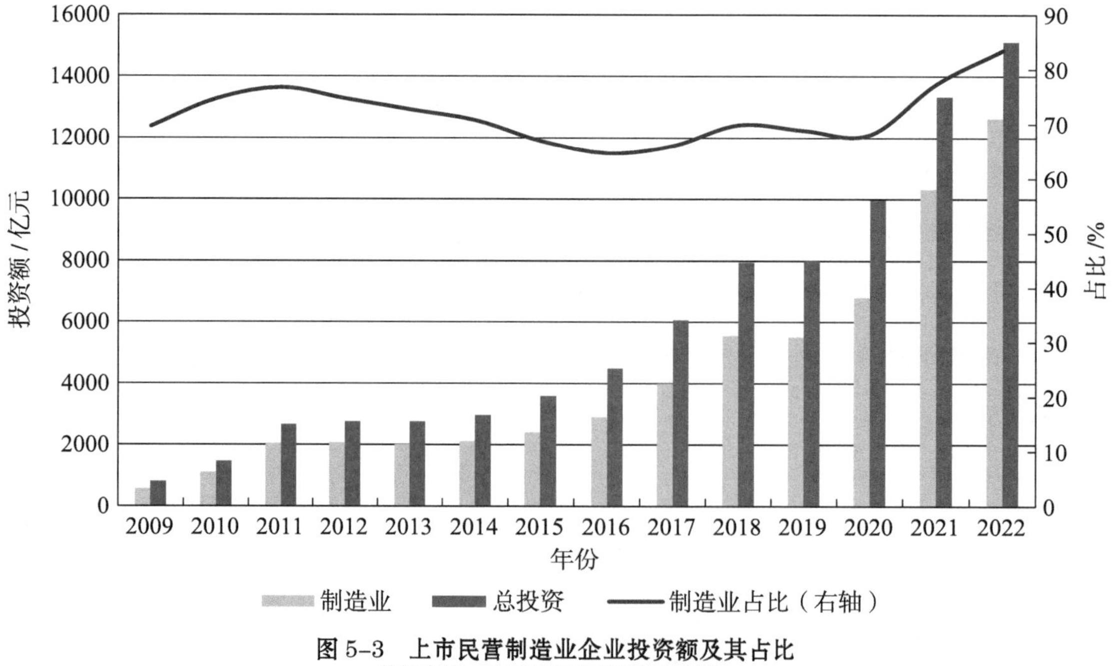

图 5-3　上市民营制造业企业投资额及其占比
数据来源：中国经济金融研究数据库。

如图 5–4（a）所示，除制造业外，一些基础设施类行业如交通运输、仓储和邮政业，电力、热力、燃气及水生产和供应业，水利、环境和公共设施管理业等行业的投资规模较大，并大体呈现增长趋势；传统行业如采矿业等，投资规模逐年稳步增长，而农林牧渔业投资规模波动较大，2018—2020 年期间由 240.90 亿元增长至 1006.66 亿元，这与上市民营企业积极响应乡村振兴战略、农业现代化建设等农业支持政策有关；而受整体经济增速有所放缓的影响，2022 年农林牧渔业的投资规模又降低至 368.95 亿元；一些新兴行业如信息传输、软件和信息技术服务业等的投资规模近年来增长较平稳，反映了新动能产业的稳步发展。

在同期投资波动较大且投资动力有所减弱的情况下，科学研究和技术服务业的投资规模却逆势上涨。如图 5–4（b）所示，在投资总量方面，2017—2022 年，科学研究和技术服务业的固定资产投资规模从 29.84 亿元增长到 120.01 亿元，占总投资规模的比重约为 0.8%；在投资增长趋势方面，2017—2022 年，科学研究和技术服务业投资规模呈现稳步增长的态势，其中 2019 年和 2020 年增速有所放缓，但 2021 年和 2022 年增速再次加快，上升趋势非常突出，与其他行业形成了鲜明对比。科技在国家发展战略中的地位越来越重要，企业和社会对科研服务的需求不断上升，行业发展需求与政府扶持均推动了该行业投资规模的扩大，为我国科技创新事业的发展提供了强有力的支撑。

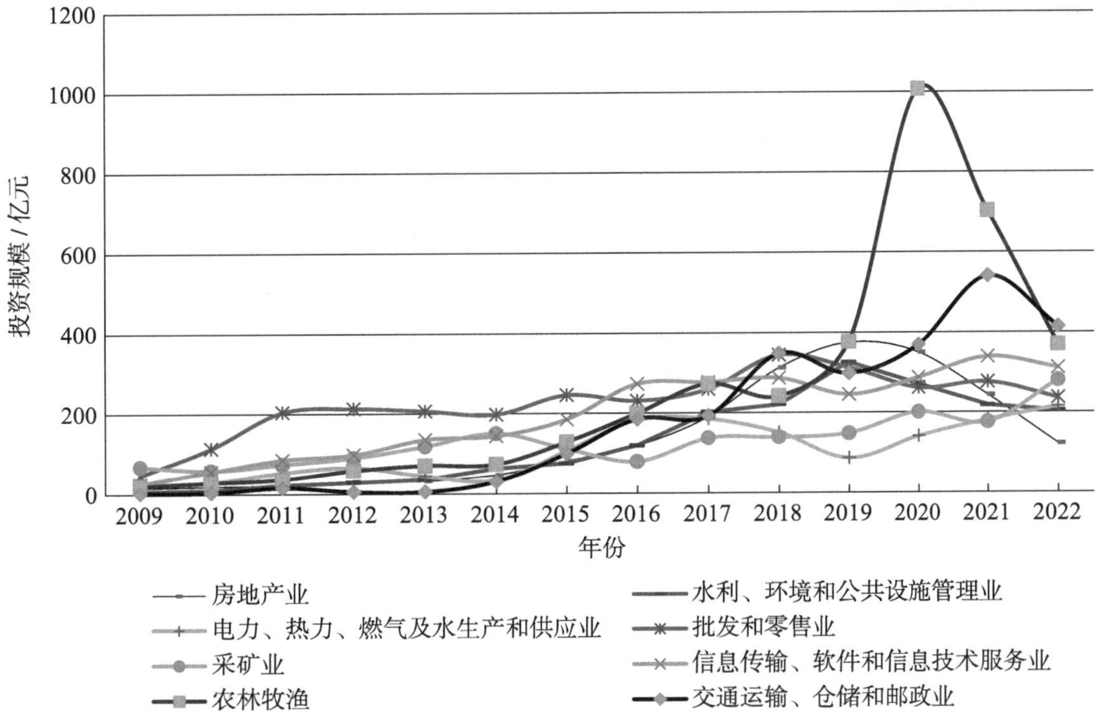

（a）投资规模较大的行业

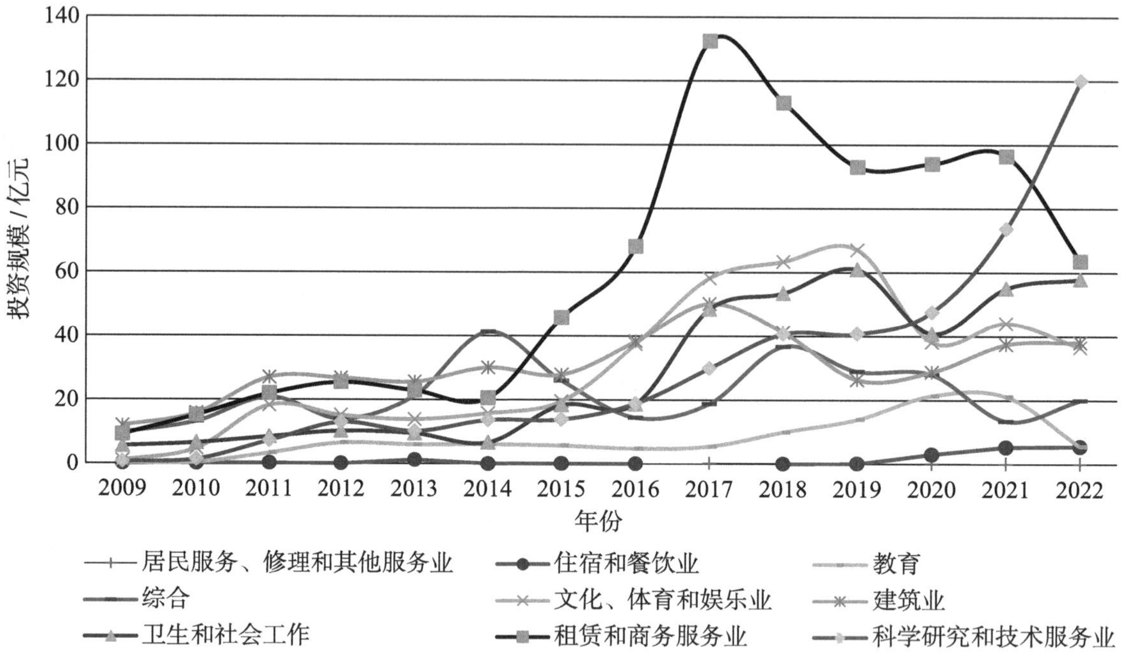

（b）投资规模较小的行业

图 5-4 上市民营企业投资规模行业分布

数据来源：中国经济金融研究数据库。

（三）分产业看，第二产业显著领先，一、三产业先增后减

分产业来看，上市民营企业的固定资产投资集中在第二产业。2009—2022 年，第一产业与第三产业的投资规模呈现先增后减的趋势，第二产业的投资规模最大，增长速度最快。如图 5-5 所示，第一产业的投资规模前期基数较小，因此增长较快，从 2009 年的 19.55 亿元增长到 2019 年的 376.29 亿元，年均增长率约为 34%；2020 年投资额骤增至 1006.66 亿元，2022 年又下降至 368.95 亿元。第二产业的投资规模始终最高，除了 2013 年和 2019 年投资规模略微缩减外，其他年份均呈现上升趋势，2022 年投资规模达到约 1.3 万亿元，占总投资规模的 87%。第三产业的投资规模仅次于第二产业，变化趋势与第一产业类似，2009—2019 年，第三产业的投资规模不断扩大，由 121.45 亿元增长至 1857.27 亿元，年均增长率约为 31.36%；2020 年受新冠疫情影响，第三产业的投资规模有所下降，2021 年又有所反弹，达到 1923.25 亿元，2022 年受经济增速减缓的影响，第三产业的投资规模下降至 1594.67 亿元，低于 2018 年的水平。

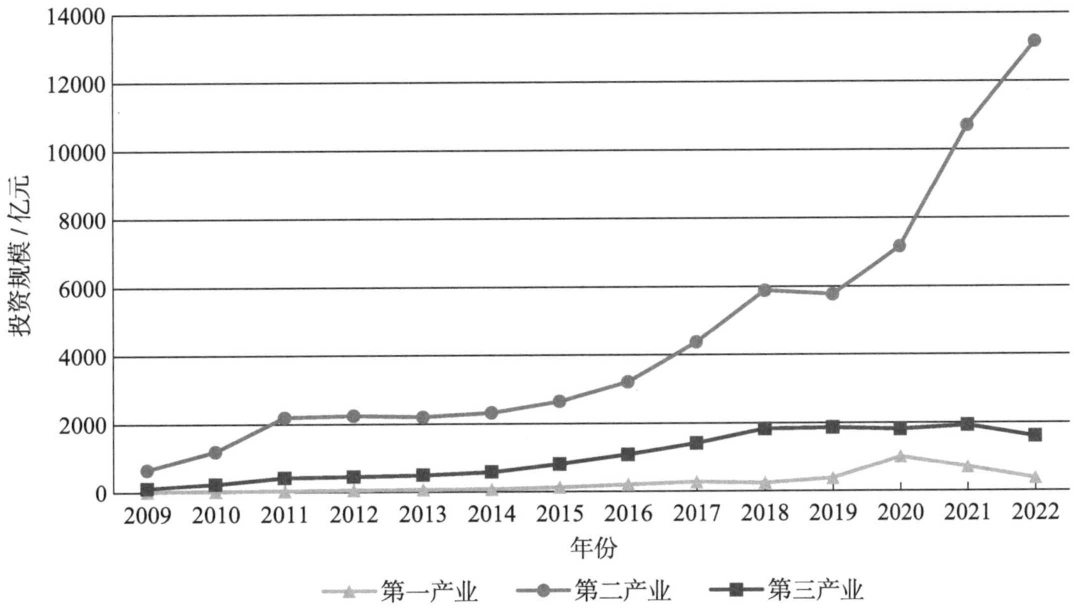

图 5-5 上市民营企业三大产业投资规模分布

数据来源：中国经济金融研究数据库。

第二产业中贡献最大的是制造业，2009—2022 年上市民营制造业企业累计固定资产投资规模约 6 万亿元，占整个第二产业投资规模的 94%；采矿业、电力、热力、燃气及水生产和供应业的投资规模次之，分别占第二产业投资规模的 2.9% 和 2.3%，建筑业的投资规模在第二产业中的占比最少，累计投资规模约 425 亿元，仅占第二产业投资规模的 0.8%（见图 5-6）。

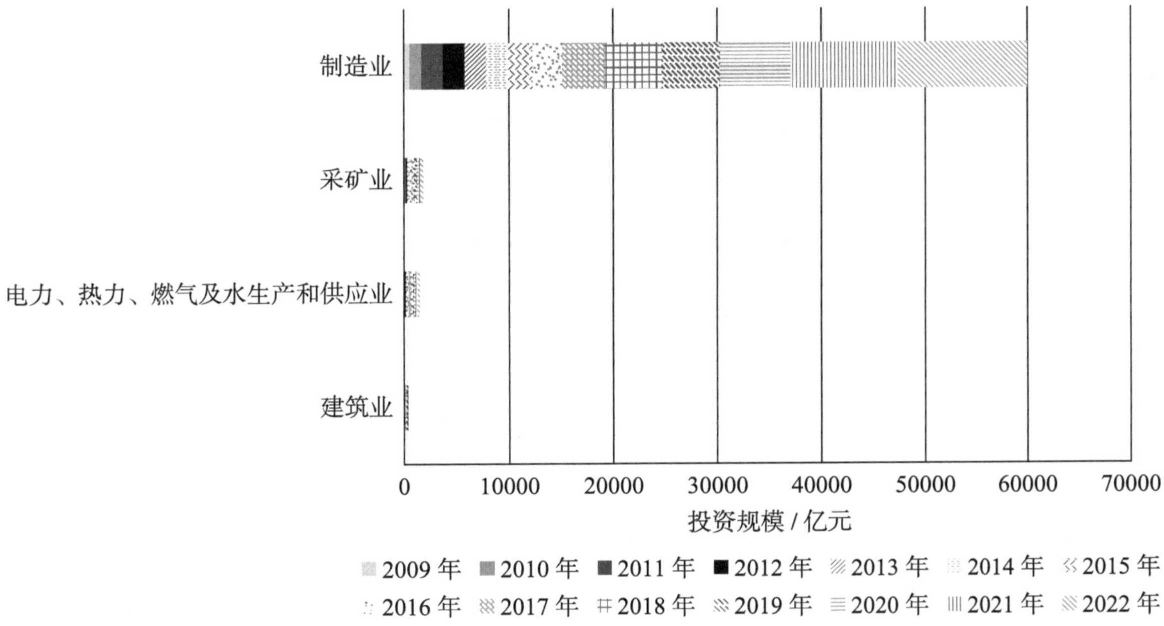

图 5-6 上市民营企业第二产业投资分布

数据来源：中国经济金融研究数据库。

第三产业中批发和零售业，信息传输、软件和信息技术服务业，交通运输、仓储和邮政业这三类行业的累计投资规模最大。随着居民消费需求的增加、基础设施建设的加快以及现代服务业和物流业的发展，近年来上述三类行业的投资水平持续提高，分别占第三产业总投资规模的 21.2%、18.7% 和 17.1%，是第三产业总投资规模的主要贡献力量（见图 5-7）。

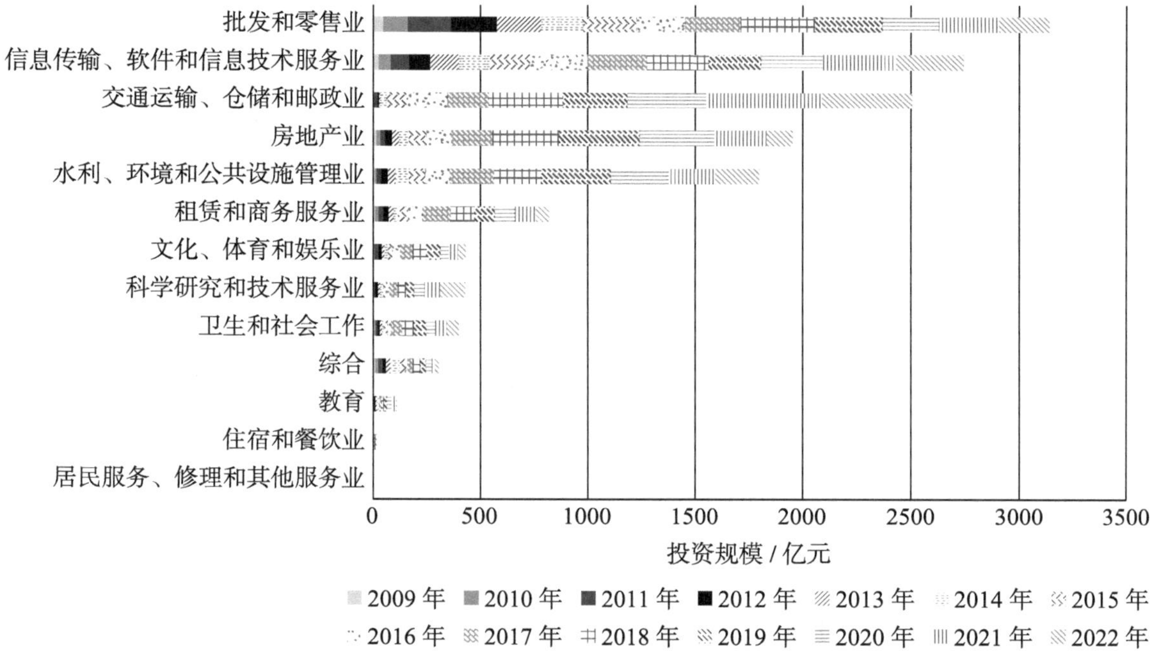

图 5-7 上市民营企业第三产业投资分布

数据来源：中国经济金融研究数据库。

（四）分区域看，东部地区规模最大，中部地区增速最快

分区域看[1]，整体上所有地区的固定资产投资规模均呈现持续增长趋势，反映了上市民营企业的持续投入。其中，东部地区的投资规模最大，从 2009 年的约 524.74 亿元增长到 2022 年的约 11081.7 亿元，增幅显著，体现了中国经济发展的重心仍集中在沿海地区；中部地区的投资增长最快，从 2009 年的约 79.14 亿元增至 2022 年的约 1888.29 亿元，在整体投资中的占比也逐步提升，表明中部地区在承接产业转移和区域协调发展方面的作用日益凸显；西部地区的投资规模增长相对较慢，从 2009 年的约 180.17 亿元增至 2022 年的约 1621.90 亿元，增幅较小，反映了区域发展不平衡的问题仍待进一步缓解；东北地区历来是中国重工业和装备制造业的重要腹地，在汽车制造、装备制造、石油化工等传统制造业领域具有明显优势，2009—2019

[1] 东部地区是指北京、天津、河北、上海、江苏、浙江、福建、山东、广东和海南 10 省（市）；中部地区是指山西、安徽、江西、河南、湖北和湖南 6 省；西部地区是指内蒙古、广西、重庆、四川、贵州、云南、西藏、陕西、甘肃、青海、宁夏和新疆 12 省（区、市）；东北地区是指辽宁、吉林和黑龙江 3 省。

年民营企业投资规模不断增长，受新冠疫情影响，东北地区的投资规模在2020—2021年出现缩减，2022年恢复增长（见图5-8）。

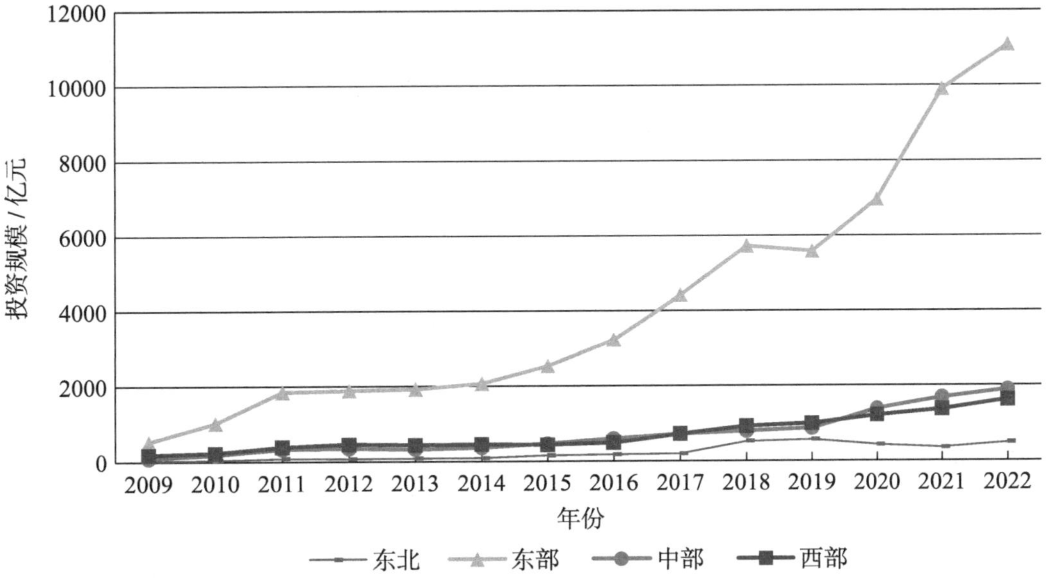

图5-8　上市民营企业投资区域分布
数据来源：中国经济金融研究数据库。

从东部地区来看，整体上各省份的固定资产投资规模呈现增长趋势，但最近几年增速放缓。广东省和浙江省的投资规模最大，其中，广东省从2009年的约132.73亿元增长到2022年的约3379.85亿元，增幅显著，并且在其他省份2022年增长趋于平缓时，广东省仍然保持较高的增速，2022年固定资产投资增速约为34.66%；江苏省的投资规模也较大，且增速较快，呈现良好的发展态势，表明江浙沪一带的经济发展势头强劲（见图5-9）。

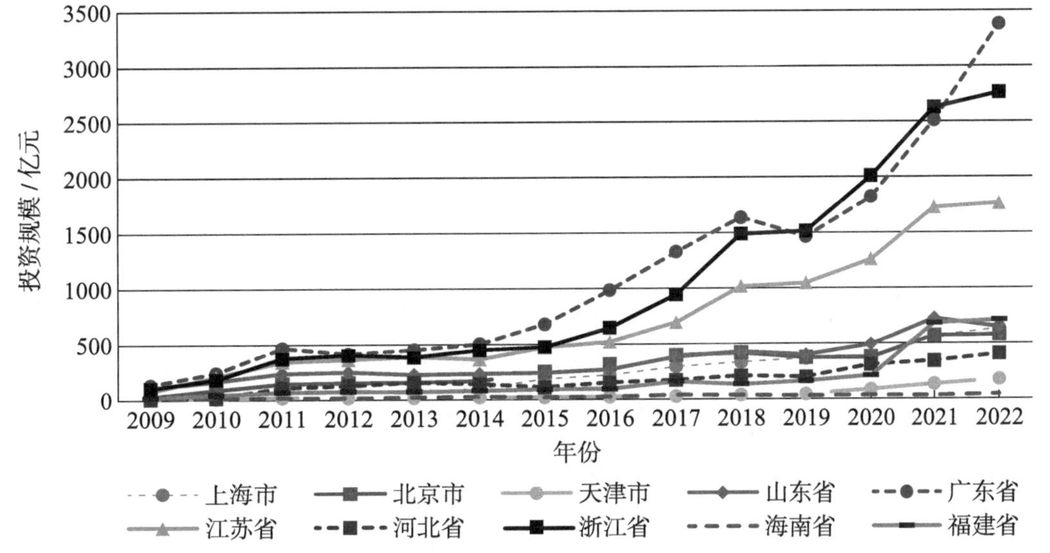

图5-9　东部地区上市民营企业投资分布
数据来源：中国经济金融研究数据库。

中部地区的投资主要靠河南省的拉动。河南省 2009—2018 年的投资规模与中部地区的其他省份相差不大，在 2020 年左右出现了较大幅度的增长，固定资产投资规模高达 634.66 亿元，跃居到较高的水平。山西省和江西省的投资规模相对较低，但江西省近年来增速有所加快，2019—2022 年年均增长率维持在 45% 左右，这体现了中西部地区经济正在逐步加快发展。湖北省、湖南省和安徽省的投资规模位居中等水平，增长趋势平稳（见图 5–10）。

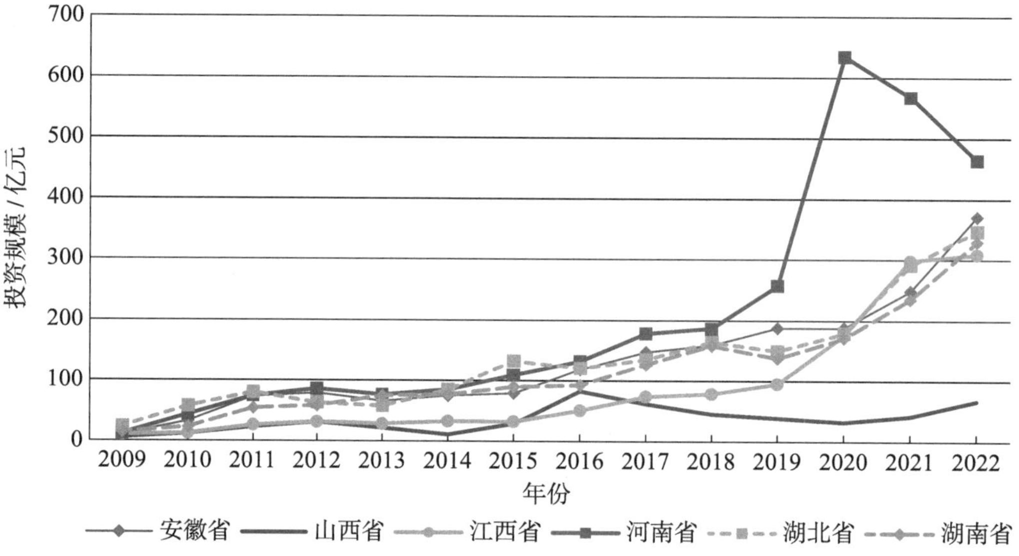

图 5–10 中部地区上市民营企业投资分布

数据来源：中国经济金融研究数据库。

西部地区中上市民营企业投资以四川省居多。2009—2019 年，四川省的投资规模稳步增长，2020 年出现了较大幅度的提高，规模达到 531.13 亿元，随后两年有所减少，但仍高于西部地区的其他省份，彰显了四川省的经济活力。广西壮族自治区的投资规模自 2018 年来逐年降低，2022 年减少至 49.07 亿元，低于西部地区的平均水平，这表明发展仍需持续推动（见图 5–11）。

东北三省的投资规模在统计时间段内都呈现一定程度的波动。其中，黑龙江省的投资波动相对平稳且投资规模整体处于较低水平，约为 1.5 亿 ~4.0 亿元；吉林省的投资波动较大，在 2013 年达到峰值后出现了明显下降，2018 年又大幅提高，反映了该省民营固定资产投资的起伏较大。辽宁省的民营固定资产投资规模在统计期间经历了四次大幅下跌和四次大幅增长，2022 年投资规模达到 2.99 亿元，仍未能完全恢复到 2011 年的高位水平 5.99 亿元，民营投资的稳定性有待进一步提升（见图 5–12）。

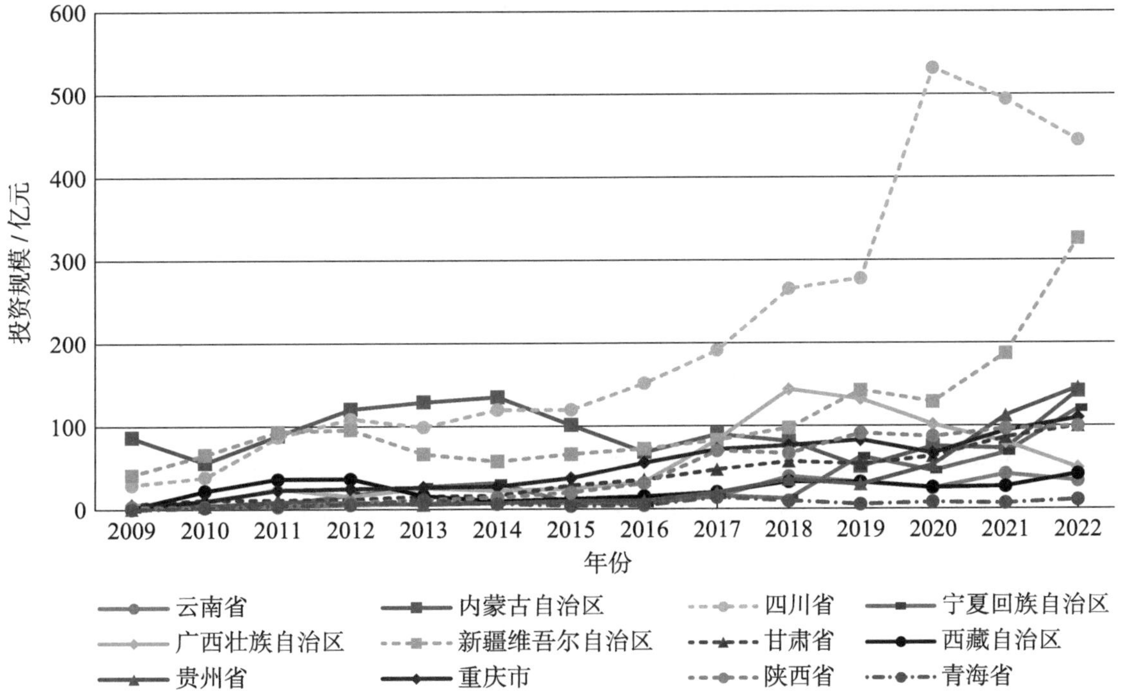

图 5-11　西部地区上市民营企业投资分布

数据来源：中国经济金融研究数据库。

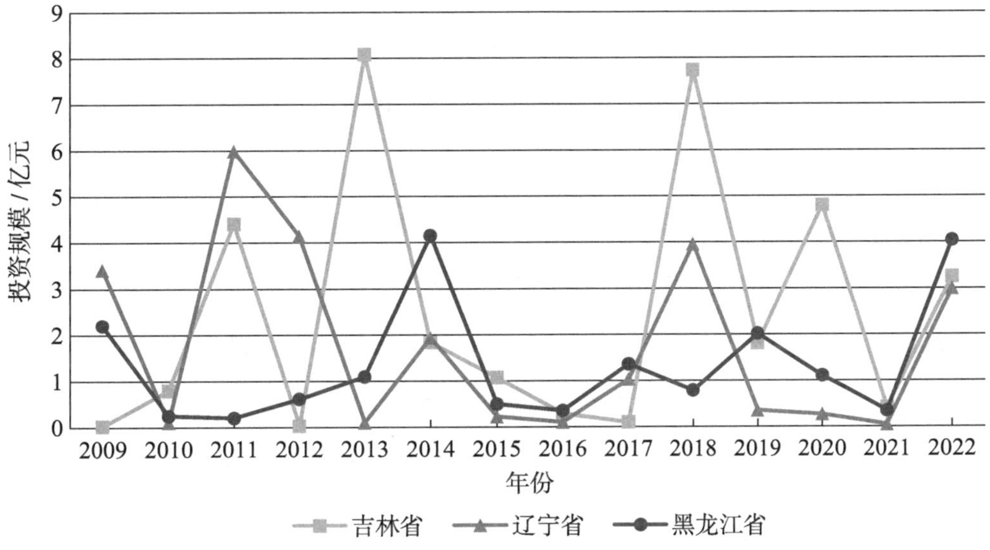

图 5-12　东北地区上市民营企业投资分布

数据来源：中国经济金融研究数据库。

从整体上看，中国大陆地区民营企业的上市公司固定资产投资呈现明显的区域差异。东部沿海地区如广东、江苏、浙江的投资规模较大，反映了这些地区良好的投资环境和商业机会；福建、上海、山东、北京等地区次之，这些地区也是民营企业集中分布的区域；而西部和东北地区如云南、青海、辽宁、黑龙江的投资规模则相对较小，可能与这些地区的经济发展水平、基础设施条件等因素有关；相比之下，中部地区如河南、河北，以及西南地区如四川的投资规模较大，说明这些地区也吸引了一定规模的民营企业资本。

二、民营企业投资影响因素及实证分析

（一）企业投资的影响因素

在民营经济日益成为推动国家经济发展重要力量的今天，深入理解影响民营企业投资的因素，对于促进其健康成长、激发市场活力具有至关重要的作用。相关文献从以下几个方面探究了企业投资的影响因素。

（1）外部环境和制度因素。

一方面，部分学者基于事后评估的角度，探究某一政策的实施或制度的变革对企业投资的影响。研究的政策涉及金融市场，如加速折旧政策、资管新规出台等；财税方向，如税收优惠、增值税改革等；行政司法领域，如地方司法体制改革、《物权法》出台等。这些政策或体制改革通过改变企业融资约束与债务期限、缩减非必要开支、降低投资成本等方式作用于企业资金层面，进而影响企业投资，让企业“有钱投”。除了研究某一具体的政策影响外，宏观层面的政策不确定性对企业投资的影响一直是学界关注的热点问题。另一方面，除宏观政策层面，还有一部分学者研究市场或区域环境因素对企业投资的影响，例如信息公开的市场、营商环境、相互信任的社会、舆论环境等。其中，关于舆情对企业投资，尤其是对民营企业投资的影响的研究较少，大部分研究集中在投资者情绪对企业投资效率的影响方面，而对民营企业所处舆论环境的研究较少，因此本章后续重点探讨负面舆情以及舆情关注度对民营企业投资的影响。

（2）企业特点。

一方面，学者们研究企业自身的客观因素对企业投资的影响，例如公司结构、信息披露水平、公司激励政策等；另一方面，部分学者研究主观因素对企业投资的影响，例如不确定性感知、重大风险预期等。这种主观因素对企业投资的作用是不可忽视的，即使在外部环境相同的情况下，不同企业的感知也不同，这既是企业家精神的表现，也是企业经营差异的重要来源。民营企业相较于与政府有天然联系的国有企业，获取直接信息的渠道较少，因此对于外界环境

更加敏感，不确定性感知和风险预期对企业投资的作用更加明显，本章后续将进行研究。

（3）管理层特征。

学界对于管理层特征和企业投资关系的研究主要集中在两方面。一方面是研究客观的背景特征对企业投资行为的影响，例如性别、教育背景、工作经历、政治关联等；另一方面集中在对管理层主观特征的研究，例如管理层过度自信、短视主义等。其中，关于管理层过度自信的研究已十分丰富，关于管理层短视对企业投资影响的研究相对较少，尤其缺乏对民营企业的研究。与国有企业相比，民营企业面临更大的市场竞争压力，可能迫使民营企业管理层更加重视短期业绩，为了短期利润缩减未来投资。因此，深入研究管理层短视主义对民营企业投资行为的影响，具有重要的现实意义。

为系统呈现影响民营企业投资的因素，本章从以上影响因素中选择外部环境层面的舆情、关注度因素，企业特征层面的不确定性感知、风险预期因素，以及管理层特征层面的短视因素进行研究。选择这些因素的原因在于：首先，对于上述影响因素的研究较少，尤其不清楚这些因素对民营企业投资的影响；其次，区别于客观存在的外部政策的支持，这些因素大多作用于企业自身的主观层面。目前，政府针对民营企业的外部支持政策已经较为丰富，例如《中共中央 国务院关于促进民营经济发展壮大的意见》《关于强化金融支持举措 助力民营经济发展壮大的通知》等，这些政策在降低企业经营成本，优化民营经济发展环境，解决企业融资难、融资贵等问题方面发挥了重要作用。然而，尽管已经采取了一些措施来增强企业家的信心，但为了进一步增强民营企业的投资活力，除了确保民营企业拥有充足的资金来源，即“有钱投”之外，还需要深入探讨和解决那些导致企业家“不敢投”的深层次因素。这些因素往往是导致民营企业投资热情不高的直接原因。

（二）实证设计

1. 数据来源

基于数据的可得性，本文选取沪深 A 股上市民营企业 2011 年第二季度至 2022 年第四季度的数据为研究样本。公司基本面数据均来自中国经济金融研究数据库（CSMAR），新闻量化数据来自数行者科技数据库（Datago），百度搜索指数、管理层短视词频、风险预期词频来自中国研究数据服务平台（CNRDS），不确定性感知指标来自《中国企业经济政策不确定性感知指数（2006—2022 年）》。

本部分对样本进行了如下处理：①剔除金融行业样本；②剔除资不抵债样本；③剔除数

据缺失的样本。最终得到 60377 个“公司–季度”层面观测值，并对模型中异常的连续变量在 1% 和 99% 的水平上进行缩尾处理。

2. 模型设定与变量定义

为了检验以上因素对企业投资支出的影响，建立如下回归模型：

$$Invest_{i,t} = \alpha_0 + \alpha_1 \cdot X_{i,t} + \beta \cdot Controls + Firm_i + Quarter_t + \varepsilon_{i,t}$$

i 和 t 分别表示企业和季度，被解释变量 $Invest_{i,t}$ 表示企业投资率，以企业当期用于购建固定资产、无形资产和其他长期资产而支付的现金来衡量，并除以当期资产总额进行标准化。为缓解反向因果问题，下文使用 $t+1$ 期的企业投资率做稳健性检验。核心解释变量 $X_{i,t}$ 分别代表上述提到的影响因素：负面舆情、关注度、管理层短视、不确定性感知和风险预期；*Controls* 代表控制变量组，参考既有文献，选取企业杠杆率、企业规模、营业收入等变量为控制变量，具体如表 5–1 所示，$Quarter_t$ 代表季度（时间）固定效应，用来控制随时间变化但不随个体变化的变量，例如宏观经济环境因素等；$Firm_i$ 代表企业个体固定效应，用来控制不随时间变化的企业特征；$\varepsilon_{i,t}$ 为残差项；β 为控制变量系数，α_0 为截距项，α_1 代表上述因素影响投资率的程度。考虑到扰动项的异方差性和序列相关性，使用在公司层面聚类的稳健标准误。

表 5–1 主要变量的符号与定义

变量分类	变量名称	变量符号	变量定义
被解释变量	企业投资率	*Invest*	资本支出 / 总资产。其中，资本支出为购建固定资产、无形资产和其他长期资产支付的现金
解释变量	负面舆情	*Tone*	网络新闻报道中的负面句子数 / 总句子数
	关注度	*SVI*	百度搜索指数，加 1 后取自然对数处理
	不确定性感知	*Fepu*	管理层讨论与分析中不确定性词频与总词频的比值
	风险预期水平	*Riskfeel*	管理层讨论与分析中风险相关词频与总词频的比值
	管理层短视	*Short*	管理层讨论与分析中短视词频与总词频的比值
控制变量	杠杆率	*Lev*	总负债 / 总资产
	企业规模	*Size*	总资产的对数
	净利润率	*ROA*	净利润 / 总资产余额
	固定资产比率	*Tan*	固定资产 / 总资产
	营业收入增长率	*Growth*	营业收入增长率
	是否亏损	*Loss*	若净利润 >0，则 *Loss*=1
	存货占比	*Inv*	存货净额 / 总资产
	企业年龄	*Age*	上市时间
	应收账款	*AR*	应收账款净额 / 资产总计

续表 5-1

变量分类	变量名称	变量符号	变量定义
控制变量	是否违规	*Violate*	企业在 t 季度是否违规
	现金流	*crash*	经营活动产生的现金流量净额 / 资产总计
	托宾 Q	*TinbQ*	市值 / 资产总计
	机构持股	*Inst*	机构投资者持有股份总数量 / 上市公司总股份
	网媒均值	*mean_media*	"季度–行业"网络媒体报道量的均值，作对数化处理
	报刊均值	*mean_paper*	"季度–公司"报刊新闻均值，作对数化处理

（三）实证结果

1. 负面舆情与民营企业投资

互联网时代，网络舆论已成为影响企业行为决策的关键力量。媒体在进行新闻报道时，往往会在叙述客观事实的基础上，融入对事件的主观评价，例如对公司的业绩、未来发展预期进行分析。这种评价往往带有倾向性，能够影响受众的情绪与认知，从而在无形中影响投资者和管理层的决策。负面舆论倾向会对企业形成压力，导致企业出现短视行为，进而对企业投资造成负面影响。

本部分将每篇新闻的负面舆情定义为负面句子数 / 总句子数，并计算特定季度涉及某企业的所有新闻的舆情均值，作为该季度该企业的负面舆情。表 5-2 报告了负面舆情与民营企业投资的检验结果：从模型（1）、模型（2）的回归结果可见，无论是否加入控制变量，负面舆情的系数均显著为负，说明负面舆情显著降低了民营企业的投资水平。为减缓反向因果带来的内生性问题，本部分用 t+1 期的企业投资进行回归，结果如模型（3）、模型（4）所示，负面舆情与民营企业投资在 1% 的置信水平上呈现负相关关系。

表 5-2　负面舆情与民营企业投资

变量	模型（1）	模型（2）	模型（3）	模型（4）
	t 期的企业投资率	t 期的企业投资率	t+1 期的企业投资率	t+1 期的企业投资率
负面舆情	-0.2622^{***} （−6.13）	-0.0715^{*} （−1.78）	-0.4250^{***} （−10.07）	-0.2318^{***} （−5.93）
杠杆率	—	0.7198^{**} （2.24）	—	0.2073 （0.64）
企业规模	—	0.2415^{***} （2.74）	—	0.1550^{*} （1.68）
净利润率	—	6.1170^{***} （6.85）	—	1.5447^{**} （2.13）

续表 5-2

变量	模型（1）	模型（2）	模型（3）	模型（4）
	t 期的企业投资率	*t* 期的企业投资率	*t*+1 期的企业投资率	*t*+1 期的企业投资率
固定资产比率	—	−2.5561*** （−5.19）	—	−5.9058*** （−11.63）
营业收入增长率	—	−0.0001*** （−3.07）	—	−0.0002*** （−8.72）
是否亏损	—	−0.0246 （−0.36）	—	0.2336*** （3.64）
存货占比	—	−3.2434*** （−7.06）	—	−3.5135*** （−7.41）
企业年龄	—	−0.5211*** （−4.68）	—	−0.3834*** （−3.50）
应收账款	—	−3.0907*** （−6.18）	—	−3.2798*** （−6.36）
是否违规	—	−0.7021** （−2.27）	—	−0.7558** （−2.17）
现金流	—	0.2492 （0.57）	—	−0.8470** （−2.22）
托宾 *Q*	—	0.1253*** （4.33）	—	0.1490*** （4.98）
机构持股	—	0.0080*** （3.10）	—	0.0058** （2.21）
网媒均值	—	0.0003 （0.00）	—	0.0890 （0.99）
报刊总量	—	−0.0354 （−1.46）	—	0.0174 （0.73）
常数项	3.3477*** （1488.13）	−0.5240 （−0.27）	3.4518*** （1555.88）	1.5758 （0.78）
样本量	60377	60377	60377	60377
R^2	0.542	0.553	0.558	0.573

注：括号里的值是 *t* 值，*、**、*** 分别表示在 10%、5%、1% 的置信水平上显著，表内“—”代表无此项。

2. 关注度与民营企业投资

已有文献认为，在经营权与所有权分离的情况下，职业经理人倾向于追求安逸生活，并且容易因为忧虑而诱发短视行为，进而减少企业创新、固定资产投资等这类风险高、周期长的项目投入。而对于企业的关注可以抑制职业经理人的享乐主义、缓解职业经理人的忧虑，进而减少短视行为，促进投资活动的展开。

本部分以百度搜索指数加 1 后取自然对数衡量企业受到的关注度。表 5–3 汇总了关注度与民营企业投资相关性的检验结果：从模型（1）、模型（2）的回归结果可见，无论是否加入控制变量，关注度的系数均显著为正，说明关注度显著提高了民营企业的投资水平。为减缓反向因果带来的内生性问题，本部分用 t+1 期的企业投资率进行回归，结果如模型（3）、模型（4）所示，正向关系仍然成立。

表 5–3　关注度与民营企业投资

变量	模型（1）	模型（2）	模型（3）	模型（4）
	t 期的企业投资率	t 期的企业投资率	t+1 期的企业投资率	t+1 期的企业投资率
关注度	0.0337** （2.43）	0.0420*** （2.99）	0.0476*** （3.20）	0.0593*** （3.90）
控制变量	否	是	否	是
季度固定效应	是	是	是	是
公司固定效应	是	是	是	是
样本量	60377	60377	60377	60377
R^2	0.542	0.553	0.557	0.573

注：括号里的值是 t 值，*、**、*** 分别表示在 10%、5%、1% 的置信水平上显著。

3. 不确定性感知与民营企业投资

本部分用董事会报告中“管理层讨论与分析”部分有关经济政策不确定性句子中，不确定性词语数量占“管理层讨论与分析”部分（以下简称 MD&A）总词语数量的比例衡量企业对经济政策不确定性的感知（不确定性感知）。表 5–4 汇总了不确定性感知与民营企业投资相关性的检验结果：从模型（1）、模型（2）的回归结果可见，无论是否加入控制变量，不确定性感知的系数均显著为负，说明不确定性感知显著降低了民营企业的投资水平。为减缓反向因果带来的内生性问题，本部分用 t+1 期的企业投资进行回归，结果如模型（3）、模型（4）所示，不确定性感知与民营企业投资在 1% 的置信水平上呈现负相关关系。

表 5–4　不确定性感知与民营企业投资

变量	模型（1）	模型（2）	模型（3）	模型（4）
	t 期的企业投资率	t 期的企业投资率	t+1 期的企业投资率	t+1 期的企业投资率
不确定性感知	−1.6310*** （−5.29）	−1.5895*** （−5.39）	−1.3881*** （−4.50）	−1.3286*** （−4.44）
控制变量	否	是	否	是
季度固定效应	是	是	是	是

续表 5-4

变量	模型（1）	模型（2）	模型（3）	模型（4）
	t 期的企业投资率	t 期的企业投资率	t+1 期的企业投资率	t+1 期的企业投资率
公司固定效应	是	是	是	是
样本量	60377	60377	60377	60377
R^2	0.542	0.553	0.557	0.573

注：括号里的值是 t 值，*、**、*** 分别表示在 10%、5%、1% 的置信水平上显著。

4. 风险预期与民营企业投资

本部分用 MD&A 中表示风险预期（例如“风险”“危机”等）的关键字的数量占 MD&A 总词语数量的比例来衡量企业的风险预期水平。表 5-5 汇总了风险预期与民营企业投资相关性的检验结果：从模型（1）、模型（2）的回归结果可见，无论是否加入控制变量，风险预期水平的系数均显著为负，说明民营企业对外界的风险预期越高，企业的投资水平越低。为减缓反向因果带来的内生性问题，本部分用 t+1 期的企业投资进行回归，结果如模型（3）、模型（4）所示，负相关关系仍然成立。

表 5-5　风险预期与民营企业投资

变量	模型（1）	模型（2）	模型（3）	模型（4）
	t 期的企业投资率	t 期的企业投资率	t+1 期的企业投资率	t+1 期的企业投资率
风险预期水平	–43.3047*** （–2.92）	–43.4177*** （–3.01）	–45.1164*** （–3.12）	–46.0837*** （–3.28）
控制变量	否	是	否	是
季度固定效应	是	是	是	是
公司固定效应	是	是	是	是
样本量	60377	60377	60377	60377
R^2	0.542	0.553	0.557	0.573

注：括号里的值是 t 值，*、**、*** 分别表示在 10%、5%、1% 的置信水平上显著。

5. 管理层短视与民营企业投资

本部分使用“短期视域”词汇总词频（例如“立即”“马上”“尽快”等）占 MD&A 总词频的比例作为管理层短视的代理变量，数据来源于中国研究数据服务平台（CNRDS）。表 5-6 汇总了管理层短视与民营企业投资相关性的检验结果：从模型（1）、模型（2）的回归结果可见，无论是否加入控制变量，管理层短视的系数均显著为负，说明管理层的短视显著降低了民营企业的投资水平。为减缓反向因果带来的内生性问题，本部分用 t+1 期的企业投资进行回归，结果如模型（3）、模型（4）所示，负相关关系仍然成立。

表 5-6　管理层短视与民营企业投资

变量	模型（1）	模型（2）	模型（3）	模型（4）
	t 期的企业投资率	t 期的企业投资率	t+1 期的企业投资率	t+1 期的企业投资率
管理层短视	−75.4315*** （−2.89）	−43.4547* （−1.66）	−84.6673*** （−3.34）	−50.0689** （−1.97）
控制变量	否	是	否	是
季度固定效应	是	是	是	是
公司固定效应	是	是	是	是
样本量	60377	60377	60377	60377
R^2	0.542	0.553	0.557	0.573

注：括号里的值是 t 值，*、**、*** 分别表示在 10%、5%、1% 的置信水平上显著。

（四）稳健性检验

1. 更换测量指标

分别用（负面句子数 − 正面句子数）/（负面句子数 + 正面句子数 +1）、百度搜索指数（仅使用公司代码搜索）、短视词频 /MD&A 总词频、不确定句子数 /MD&A 总句子数、风险感知词频加 1 后取自然对数作为负面舆论、关注度、管理层短视、不确定性感知和风险预期的代理变量进行回归分析，结果如表 5-7 所示，在更换了自变量的计算方式后，结果的显著性与正向或负向关系并未发生改变，表明本章的结果是稳健的。

表 5-7　稳健性检验 1

变量	模型（1）	模型（2）	模型（3）	模型（4）	模型（5）
	t+1 期的企业投资率	t+1 期的企业投资率	t+1 期的企业投资率	t+1 期的企业投资率	t+1 期的企业投资率
负面舆情	−0.2330*** （5.68）	—	—	—	—
关注度	—	0.3718*** （6.89）	—	—	—
不确定性感知	—	—	−0.0666*** （−4.05）	—	—
风险预期水平	—	—	—	−0.1127*** （−2.95）	—
管理层短视	—	—	—	—	−35.4421** （−2.07）
控制变量	是	是	是	是	是

续表 5-7

变量	模型（1）	模型（2）	模型（3）	模型（4）	模型（5）
	t+1 期的企业投资率	t+1 期的企业投资率	t+1 期的企业投资率	t+1 期的企业投资率	t+1 期的企业投资率
季度控制效应	是	是	是	是	是
公司控制效应	是	是	是	是	是
样本量	60377	60377	60377	60377	60377
R^2	0.573	0.573	0.573	0.573	0.573

说明：括号里的值是 t 值，*、**、*** 分别表示在 10%、5%、1% 的置信水平上显著，表内“—”代表无此项。

2. 进一步控制固定效应

为了控制行业发展周期、产业政策等对企业投资率产生的影响，本部分在基准回归的基础上进一步控制了行业乘以年度的固定效应，从而尽可能地消除各种宏观因素对本部分回归结果的影响，其中行业以中国证监会行业分类标准进行划分。模型如下所示：

$$Invest_{i,t+1}=\alpha_0+\alpha_1\cdot X_{i,t}+\beta\cdot Controls+Firm_i+Quarter_t+industry_j\cdot year_t+\varepsilon_{i,t}$$

其中 j 表示行业，其他符号解释同上。结果如表 5-8 所示，各种影响因素在对 $t+1$ 期的企业投资的回归中依然显著，说明在剔除了行业周期、产业政策等因素的潜在影响之后，各因素对于 $t+1$ 期的企业投资的影响依然存在。

表 5-8 稳健性检验 2

变量	模型（1）	模型（2）	模型（3）	模型（4）	模型（5）
	t+1 期的企业投资率	t+1 期的企业投资率	t+1 期的企业投资率	t+1 期的企业投资率	t+1 期的企业投资率
负面舆情	−0.2024*** （−5.19）	—	—	—	—
关注度	—	0.2418*** （3.77）	—	—	—
不确定性感知	—	—	−1.3807*** （−4.59）	—	—
风险预期水平	—	—	—	−44.9609*** （−3.17）	—
管理层短视	—	—	—	—	−43.6060* （−1.72）
控制变量	是	是	是	是	是
季度控制效应	是	是	是	是	是
公司控制效应	是	是	是	是	是
季度 – 行业	是	是	是	是	是

续表 5-8

变量	模型（1）	模型（2）	模型（3）	模型（4）	模型（5）
	t+1 期的企业投资率	t+1 期的企业投资率	t+1 期的企业投资率	t+1 期的企业投资率	t+1 期的企业投资率
样本量	60025	60025	60025	60025	60025
R^2	0.614	0.614	0.614	0.614	0.614

说明：括号里的值是 t 值，*、**、*** 分别表示在 10%、5%、1% 的置信水平上显著，表内“—”代表无此项。

（五）小结

本章分别从外部环境、企业特点、管理层特征三个影响民营企业投资的层面，选择负面舆情、关注度、不确定性感知、风险预期水平、管理层短视五个影响因素，实证分析其对民营企业投资的影响。结果表明，负面舆情越多，企业对于环境感知越不确定，风险预期越大，管理层越短视，民营企业的投资水平越低；而外界对于企业的关注有利于企业作出长期投资的决策。

三、存在的问题及建议

在深入分析了影响民营企业投资的多重因素后，发现民营企业在投资过程中面临的问题主要集中在以下几个方面。

负面舆情影响：民营企业常常受到负面舆情的影响，这不仅损害了企业形象，也降低了投资者和消费者的信心，影响了企业的投资决策和市场表现。

环境不确定性：快速变化的市场环境和政策给民营企业带来了较大的不确定性，使企业在制定长期投资计划时面临较大的风险。

管理层短视行为：部分民营企业管理层存在短视行为，过分关注短期业绩而忽视了长期的投资和发展，这对企业的可持续发展构成了威胁。

风险预期过高：由于对市场风险的过度担忧，一些民营企业在投资决策上过于谨慎，错失了发展机遇。

针对这些问题，提出如下建议。

加强正面的舆论引导和形象塑造。民营企业应主动引导公众舆论，积极维护企业形象，降低负面舆情的影响，通过多渠道的公关和宣传活动，展示企业的社会责任、产品服务优势等，提升公众对企业的认知和好感。

积极主动地与外界沟通互动。主动与投资者、行业协会等外部利益相关方保持良好沟通，提升企业的透明度，主动披露经营情况和投资计划，增强外界对企业的关注度。

增强企业对外部环境的预判和应对能力。建立健全市场分析和风险评估机制，提高对政策法规、市场需求等外部环境变化的敏感性，制定灵活的应对策略，及时调整投资决策，降低环境不确定性带来的风险。

培养管理层的长期投资思维。建立合理的绩效考核和激励机制，引导管理层关注企业的长期发展，而非短期利益。加强管理层的战略眼光和决策能力培训，提高他们作出长期投资决策的决心和能力。

第六章

民营企业发展的内外部需求分析

民营企业是中国经济的重要组成部分，随着社会主义市场经济体制的不断完善与发展，民营经济的重要性日益提高。然而，民营企业在面临激烈的市场竞争和复杂多变的外部环境时，往往面临着诸多挑战。贸易保护主义的抬头给我国民营企业的出口带来较大压力；国内经济转型和产业升级对中小企业，尤其是处于传统制造业与服务业的中小企业提出了更高的要求。此外，民营企业在获取银行贷款、行业准入、政府补助等方面都面临着一定的困难。为了应对生存与发展的困境，民营企业对于内部与外部环境有着多方面的需求。

一、内部需求

（一）完善的现代企业制度与公司治理结构

现代企业制度强调，应当建立满足产权清晰、权责明确、政企分开、管理科学的企业制度。2023 年 12 月底，十四届全国人大常委会第七次会议通过了新修订的《公司法》，总则第一条加入了“完善中国特色现代企业制度，弘扬企业家精神”，这标志着建立并完善中国特色现代企业制度不仅是每个企业主体的目标和任务，更成了法律层面的基本要求。

内部建立完善的现代企业制度和公司治理结构是民营企业健康发展的基石。首先，要严格明确个人财产与法人财产的边界。公私不分会导致民营企业在进行银行抵押贷款时被要求股东本人或者股东的家庭成员承担连带责任，有限责任公司转而成为事实的无限责任公司。其次，要优化产权结构，避免股权过度集中。在公司金融领域，企业的代理问题是一个被广泛讨论的话题，代理引发的冲突可以分为两类，第一类是企业股东和外部债权人之间的利益冲突，第二类是大股东与小股东之间的利益冲突。避免股权的过度集中即是避免由第二类冲突引发的对企业长期发展不利的影响，由于大股东和中小股东之间存在信息不对称和监督困难的客观问题，大股东可能通过关联交易、利益输送等方式损害公司利益、降低公司资产和利润，大股东也可能为了追求自身能力、声誉等利益，过度扩张公司规模，导致公司面临较大的经营风险，从而损害了中小股东的权益。通过引入战略投资者、机构投资者等多元化股东来提升股权多元化程度，提高信息披露要求，可以缓解民营企业发展所面临的内部代理矛盾。最后，要强化企业内部监管，部分民营企业缺乏内部控制意识，内部控制建设流于形式，内部审核不严甚至没有内部控制部门，内部监管的缺失可能导致关联交易和利益输送，从而放大企业的经营风险和财务风险。

（二）先进的管理方法与企业数字化转型

民营企业的发展有赖于先进的企业管理方法，管理者需要制定清晰的企业愿景和长期发展路径，根据企业规模和业务需求，设计合理的组织架构，明确企业内部各部门与岗位的职责，制定规范的流程与管理制度，通过激励和考核等方式提高员工的执行力，促进企业的高效经营和平稳发展。此外，民营企业还需要引入先进的信息技术以提高企业运营效率和管理效率，建立规范的财务管理系统，实现财务数据的实时监控和分析，优化供应链管理，确保原材料供应各环节的顺畅运行，从而降低企业的经营成本，提升企业的经营业绩。

数字化是企业的重要发展方向，推动民营企业的数字化转型，是一个将信息技术引入企业生产经营全流程的渐进过程。企业的数字化转型将先进的数字和信息技术引入企业现有的管理框架，从而推动内部管理模式、信息流程、企业运营和生产方式的转型，这一过程实质上是企业从“工业化管理模式”向“数字化管理模式”的转变。

习近平总书记强调，发展数字经济意义重大，是把握新一轮科技革命和产业变革新机遇的战略选择。党的二十大报告提出要建设现代化产业体系，加快发展数字经济，促进数字经济和实体经济深度融合，打造具有国际竞争力的数字产业集群。目前出台的国家相关政策正在鼓励并支持企业加快数字化转型。国家发展改革委于 2020 年发布“数字化转型伙伴行动”倡议，推出数字化转型评估服务，了解企业数字化转型进展、难点和诉求，为企业提供针对性建议，为企业数字化转型和纾困发展保驾护航。

（三）合适的发展路径与经营战略

在讨论企业总体战略选择时，通常将其分为三类：发展战略、稳定战略与收缩战略。民营企业通常规模不大，且处于迅速发展阶段，因此发展战略是民营企业最主要的战略选择。

一体化战略、密集型战略和多元化战略是三类主要的企业发展战略。采用一体化战略的企业侧重通过整合产业链上下游资源或横向扩展来深化市场渗透、拓宽业务边界。具体而言，又可以分为纵向一体化战略和横向一体化战略。纵向一体化有利于将供应链成本转化为企业内部成本，控制稀缺资源，确保产出质量高；横向一体化则侧重向产业价值链相同阶段方向扩张，从而实现规模效应。

密集型战略以产品–市场战略组合矩阵（安索夫矩阵）为分析框架（见表6–1）。在现有市场中，针对现有产品采用市场渗透战略，提高市场占有率；针对新产品采用产品开发战略，在原有市场基础上开发研制新产品，使企业能继续在现有市场中保持稳固的地位。在新市场中，针对现有产品采用市场开发战略，将现有产品或服务打入新市场，针对新产品采用多元化战略，将新研制的产品带入新拓展的市场中。

多元化战略是指企业为了横向延伸业务线条、开拓市场而进入新行业的战略。根据新领域与原有领域的相关性，多元化战略可以进一步分为相关多元化战略与非相关多元化战略。相关多元化战略是指企业所进入的新行业与其原有业务在技术、工艺、销售渠道、营销等方面有相近的特点；非相关多元化战略是指企业通过兼并、收购等方式将业务领域拓展到与现有业务不相关的行业中。

表6–1　产品–市场战略组合矩阵

市场	现有产品战略	新产品战略
现有市场	市场渗透	产品开发
新市场	市场开发	多元化

以多元化战略为例，通常而言，相关多元化战略能够加速产品的更新换代，提升品牌的市场影响力，提高企业的业绩表现，而非相关多元化战略会抑制企业的创新投入，加重经营风险和财务风险。小米科技有限责任公司（以下简称小米）在创立之初专注智能手机领域，而当小米手机已获得可观的市场占有率时，创始人雷军意识到小米需要找到新的增长引擎。2013年起，小米开始尝试用“投资＋孵化”的方式布局整个消费物联网市场，2016年，小米正式发布“米家”品牌，用于承载小米生态链企业所生产的产品，截至2023年底，小米生态链上已经有超过400家企业，生态链产品从最早的手机周边产品逐步扩展到智能硬件和生活用品，包括移动电源、空气净化器、手环、净水器、代步工具、智能机器人等，小米生态链已经成功孵化出华米（北京）信息科技有限公司、北京石头世纪科技股份有限公司等多家上市公司，市值

合计超过 1000 亿元。

（四）做好人才梯队建设

习近平总书记在党的二十大报告中强调，强化企业科技创新主体地位，发挥科技型骨干企业引领支撑作用，营造有利于科技型中小微企业成长的良好环境，推动创新链产业链资金链人才链深度融合。人才是企业实现组织能力的核心构成，是企业持续发展的保障。民营企业需要在内部开展人才梯队建设，确保各类优质人才的持续供给，提升企业核心竞争力，确保企业长期平稳高效的运行。

做好人才梯队建设。首先，企业需要根据短期的发展需要和长期的发展方向，制定清晰的人才规划，明确企业所需的人才类型和需求数量。其次，企业需要建立科学合理的人才选拔机制，设立公正的选拔标准和程序，丰富人才选拔的渠道以覆盖更多潜在人才。再次，企业还需要在内部设立并实施人才培养计划，为新员工提供系统的入职培训，使其快速融入企业文化和工作环境，同时为现有员工提供定期的职业技能培训和提升课程，持续提高其专业能力和综合素质，为员工参加培训和资格认证考试提供适当的便利条件。最后，企业还需要建立人才激励机制，一方面，综合利用薪酬、奖金、节日福利、员工持股计划等方式设计合理的报酬体系，确保员工的付出与回报相匹配；另一方面，为员工的晋升和职业发展路径提供清晰的规划，激发员工的工作积极性。

在做好人才内部培养的同时，企业还可以通过与高校、研究机构等建立合作关系，积极引入外部智力资源。目前，中小规模的民营企业面临较为严重的人才困境，由于经营不确定性较大，经营效益较差，民营企业对于高素质人才的吸引力不足。如何确保人才链的畅通，使高素质人才带动民营企业的经营发展并形成正向反馈，亟须政府、高校、企业等各方面的共同努力。

（五）企业及企业家价值培育

2020 年 7 月，习近平总书记在企业家座谈会上指出，“企业家要带领企业战胜当前的困难，走向更辉煌的未来，就要在爱国、创新、诚信、社会责任和国际视野等方面不断提升自己，努力成为新时代构建新发展格局、建设现代化经济体系、推动高质量发展的生力军”。民营企业家个人的价值观、认知模式、技术背景、理想追求等各方面均会对企业决策与未来发展、企业价值观与企业文化的塑造产生重要影响。在民营企业发展初期，企业规模较小且通常由个人所有，企业家在经营过程中起关键决策作用，企业家风格决定了企业的发展特征。随着企业规模扩大，企业决策的风险由原来的全部由企业家承担，转为由所有利益相关者共同承担，这要求企业家的责任观要从对个人负责转向对社会负责。作为社会经济发展的关键驱动力之一，民营企业家应主动拥抱企业家精神，积极承担经济、环境、文化等多维度的社会责任。

当企业家树立起正确的价值观后，企业文化也将受到引导。民营企业需要明确自身的使命与愿景，构建基于正向价值观的企业文化体系。一方面，可以通过完善企业治理结构，建立健全内部管理制度，确保企业经营合规和透明；另一方面，通过与政府、社会组织或其他企业建立合作机制，共同推进社会责任的践行。

二、外部需求

（一）制度环境

资源基础理论、行业基础理论和制度基础理论共同构成企业战略的三角模型。其中，制度基础理论认为，制度环境是企业生存环境的重要组成部分，它不仅是企业无形的“背景板”，更是企业在战略决策过程中的重要影响因素。现代制度经济学理论认为，良好、稳定、透明的制度环境能够为企业创造公平竞争的市场环境，降低市场参与者的交易成本和交易风险，更好地保护企业产权与经营投资收益，从而促进企业长期稳定的发展。

民营企业的发展离不开稳定、完善的制度环境，为进一步优化制度环境可以从以下角度采取针对性措施。

第一，加快清理民营企业被拖欠的账款。根据市场调研，目前民营企业面临的应收账款拖欠主要有三类：政府拖欠、上下游企业拖欠、平台拖欠。近年来，由于宏观经济下行和房地产市场低迷表现，地方政府的一般公共预算收入和土地出让收入增速放缓，地方财政压力较大，而由于政府在与企业的关系中天然处于强势地位，地方政府拖欠民营企业账款的现象因而屡见不鲜。类似的，由于大中小企业在市场中处于不对等的地位，民营中小企业的应收账款更容易被供应链上下游的大企业拖欠；由于民营中小企业对互联网平台的依赖程度较高，其应收账款也更容易被占据主导地位的电商平台拖欠。大力开展清欠工作，解开企业之间相互拖欠的“连环套”，加强政策支持、统筹调度和监督考核，努力做到应清尽清，才能更好地维护中小企业合法权益，优化营商环境，激发经营主体活力。

第二，加强对于中小企业知识产权的保护。由于举证难、维权成本居高不下、诉讼周期长、侵权赔偿低等原因，民营中小企业的知识产权一直难以得到有效的保护，北京圜晖科技有限公司的联合创始人、副董事长李庆欣在接受《中国报道》记者的采访时表示，“大量低质的、非正常的专利塞满了市场，真正掌握技术的我们却被迫陷入无限的技术自证中，这大大拉长了我们专利申请的战线，也增加了我们创新发展的成本”。近年来，国家高度重视知识产权保护，完善相关法律法规，强化政策执行力度。根据国家知识产权局的统计数据，党的十八大以来，共依法查处垄断协议、滥用市场支配地位案件 333 件，审结经营者集中案件 5249 件，依法查处不正当竞争案件 25.05 万件。《2023 年中国专利调查报告》的数据表明，2023 年，专利权人遭遇侵权的比例已经下降至 6.7%，专利侵权的行为正逐渐得到遏制（见图 6-1）。

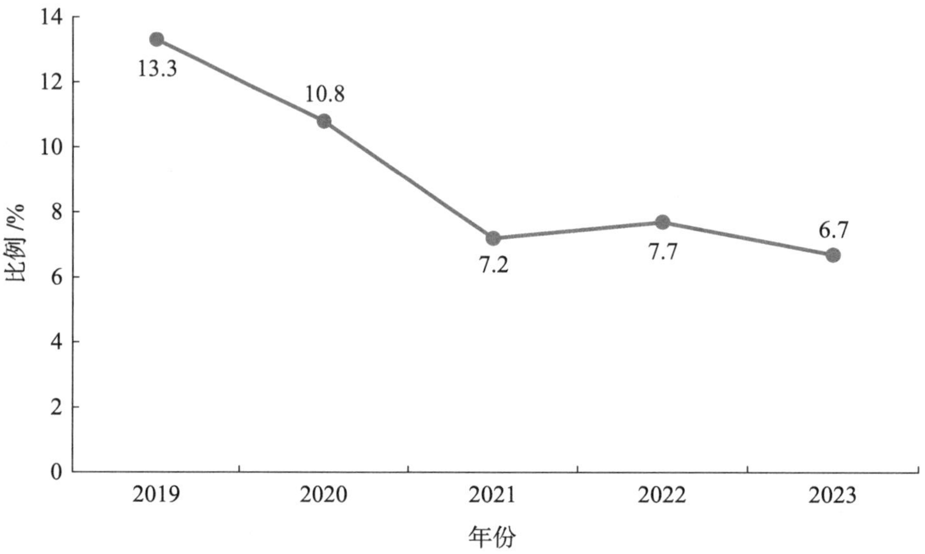

图 6-1　2019—2023 年专利权人遭遇专利侵权的比例

第三，加快推进减税降费。民营中小企业由于规模较小、经营稳定性较差以及账款拖欠等原因，现金流的持续性和稳定性较差，对流动资金的需求较高，通过施行有针对性的减税降费措施，降低企业税收负担与非税的行政事业性费用负担，能够缓解民营企业的经营压力和资金压力，激发经营主体的创新性与发展活力。根据国家税务总局的统计数据，2023 年全国新增减税降费和退税缓费 22289.9 亿元；根据经济类型统计，民营经济纳税人受益明显，新增减税降费及退税缓费 16864.6 亿元，占减税降费总额的 75.7%；根据企业规模统计，中小微企业受益最多，新增减税降费及退税缓费 14264.2 亿元，占减税降费总额的 64%。只有精准高效落实结构性减税降费政策，全力提升税费服务质效，持续优化税收营商环境，才能促进以民营企业为主的广大经营主体的长期高质量发展。

（二）融资环境

民营企业长期面临信贷歧视，相比中央或地方国有企业，民营企业通常面临更高的融资成本和更严格的融资约束。

我国民营中小企业的融资方式比较少，主要依赖企业自有资金和银行贷款等间接融资渠道，发行股票和债券等直接融资方式并不常用，因为民营中小企业的发展情况和信用资质还不能被投资者广泛的认可。为了支持民营企业长期高质量发展，政府等有关部门需要为民营企业营造便利的融资环境。第一，搭建一体化融资信用服务平台，进一步扩大信用信息归集和共享范围，将企业主要人员信息、各类资质信息、进出口信息等信用信息纳入共享范围，从而推动银行与民营企业建立长期稳定的信贷合作关系，减少因信息不对称而导致的信贷融资受限。第二，拓宽融资渠道，鼓励中小企业直接融资，虽然目前已有科创板和创业板等聚焦高科技中小企业的股权融资平台，但其准入门槛对于大部分中小经营主体而言仍然太高，融资支持质效有待进一步提升。第三，学习国外有关中小企业融资的经验，综合考虑我国市场情况，适时、适当地创新更多融资工具并鼓励使用，例如鼓励进行信贷资产证券化，这使得中小企业债券等高风险债券的持有方（通常是商业银行）能够将风险资产打包并分层出售，风险资产的出表能提高债权人的流动性，从而鼓励金融机构对于民营企业的信贷投放。第四，为了有效应对中小企业信用基础相对薄弱、融资途径受限等核心问题，有必要建立健全优质中小企业信用融资担保体系，加强政府主导，推动政府性融资担保机制转型升级，利用信用风险缓释工具，为中小企业增信。

（三）创新环境

民营企业是科技创新的主力军。据统计，民营企业贡献了65%的专利、75%以上的技术创新、80%以上的新产品开发，创新主体地位日益显著。根据全国工商联发布的数据，在中国民营企业500强中，研发人员占企业员工总数10%以上的企业共有175家，研发经费投入强度在10%以上的企业共有8家，关键技术来源于自主研发的企业共有414家，使用自筹资金完成科技成果转化的企业共有432家。2023年7月，国务院发布《关于促进民营经济发展壮大的意见》，强调要鼓励民营企业根据国家战略需要和行业发展趋势，持续加大研发投入，培育一批关键行业民营科技领军企业、专精特新中小企业和创新能力强的中小企业特色产业集群，支持中小企业数字化转型，加快推动技术改造。

然而，目前民营中小企业在创新发展、数字化转型过程中仍然面临创新和转型动力不足的问题，原因在于创新项目的前期投入较大、项目周期长、回报具有不确定性。虽然各地方政府均对企业数字化转型有一定的资金支持，但这种支持通常以事后奖补的形式给出，企业在创新前期仍然承担着较大的资金压力。因此，需要从政策层面加大对于民营企业创新的支持力度，为企业创新项目提供更优质的创新环境。例如，借鉴政府采购和招投标领域支持中小企业的做法，在各类科技项目、科研基金中为科技型中小企业预留份额，或专门设立面向科技型中小企业的科研资助项目，缓解民营中小企业在研发创新时的资金紧缺问题。

此外，政府及有关部门还可以通过简化新技术、新应用上线前的评估流程，提高监管专业化水平，进而推动监管制度创新，通过指导、培训等方式为民营企业创新和数字化转型提供帮助，通过牵头产学研合作来提升民营企业的创新水平。

（四）政策环境

根据各地针对民营企业发展环境的调研，目前民营企业在政策环境方面面临以下问题。第一，政策知晓度不高。行业主管部门或者管委会组织召开政策宣讲会是企业获取最新政策的主要途径之一，然而这样的宣讲会进度较慢、时长较长、效率较低，而通过商会或企业自发组织的行业交流频次不确定性较强，因此惠企政策在从政府部门传导到民营企业主体的过程中存在明显的时滞。第二，政策理解程度有限。部分企业表示，他们获取政策信息的渠道不够畅通，对于政策的认识和理解也不够全面。第三，政策兑现周期较长，低效的执行过程不利于助企纾困的政策发挥作用。

与此同时，政策的不确定性也可能会对民营企业的经营计划造成重大影响。一方面，不稳定的政策环境（例如税收政策、政府补贴等）会导致企业的成本结构发生变化，不利于企业完成预算制定和资源配置，甚至可能影响企业与供应商、客户、合作伙伴之间的合同履行，如同滚雪球般引发供应链风险；另一方面，当政策频繁变动时，企业可能会推迟或取消原本的投资和扩张计划，甚至会减少在研发和创新上的投资，从而影响其长期竞争力。

优化民营企业所面临的政策环境可以从以下几个方面发力。第一，创新政策宣传解读方式，针对有潜在需求的企业，通过“一对一”宣传和“管家式”服务，确保企业对政策能理解、善运用。第二，扩大政策覆盖面，强化惠企政策的落实力度，让符合条件的民营企业应知尽知、应享尽享。第三，加快谋划针对性政策，确保政策出台后的落实速度，整合资源，形成一体化的工作思路，确保政策尽快在短期内转化为增长动能。第四，积极探索使用大数据分析和信息化手段，甄别出符合条件的企业，开展政策精准匹配、靶向推送，快速做好政策落地衔接。第五，提高行政效率和行政水平，做到依法行政，在制定政策时，应当向多方面征求意见，在执行政策时，需要以确定性和公开行政行为信息为原则，采纳合理的意见建议，做好解释说明，为政策出台和实施留有必要的提前量、过渡期或缓冲期。

（五）人才环境

民营中小企业在发展中面临着严重的人才缺失问题。根据宁波市政府的调研，一方面，高科技行业紧缺研发人才，宁波高科技行业圈子窄、市场小、人才流动选择少，受上海、杭州、深圳虹吸效应的影响，宁波对非本土研发人才的吸引力较弱，当前研发人才以本土人才为主，即使利用优惠政策吸引来外地人才，最终也很难留住；另一方面，外贸企业普遍面临运营型人才紧缺，制造业工厂普遍面临高学历人才与技工紧缺。因此，企业自身吸引力不足、所在城市竞争力不足、企业招聘渠道较少、人才与岗位结构性错配等问题是造成民营企业人才流失的主要原因。

在竞争激烈的市场中，人才是推动企业持续发展的核心引擎，也是企业维系核心竞争力的关键基石。相较于其他传统企业，民营高科技企业的成功主要依赖于技术创新和高科技产品开发，这类企业对于高水平人才有着更紧迫的需求。因此，为民营企业营造良好的人才环境，为科技创新注入源源不断的人才“活水”，是政府以及有关部门的当务之急。

2023 年 7 月，国务院发布《关于促进民营经济发展壮大的意见》，为构建企业发展所需的人才环境提出了以下几个政策方向：第一，要畅通人才向民营企业流动渠道，健全人事管理、档案管理、社会保障等接续的政策机制；第二，要畅通民营企业职称评审渠道，完善以市场评价为导向的职称评审标准；第三，要搭建民营企业、个体工商户用工和劳动者求职信息对接平台；第四，要加强灵活就业和新就业形态劳动者的权益保障，发挥平台企业在扩大就业方面的作用。

在推进校企合作、产教融合的过程中，政府要积极发挥牵线搭桥的作用，为民营企业，尤其是招聘渠道有限的民营中小企业拓宽人才接触面，可以通过引进或共建研究生工作站、博士后工作站等方式，增加企业科研人员到高校和科研机构学习、培训的机会，增加高校研究生到企业实习的机会，连接学校和企业资源，提升学生的实践能力和创新能力，提升企业科研人员的知识水平和技术能力，有利于培育并输出全面覆盖企业需求的各类人才。

（六）竞争环境

民营企业可能会因为其所有权性质、企业规模和市场地位而面临不公平的市场竞争环境。在融资获取方面，金融机构对于企业主体的授信和放款要求并非一视同仁，国有企业因为享有政府信用而更容易获得低成本资金，民营企业因为无政府背书而面临严苛的外部融资约束。在准入许可方面，部分行业存在市场准入门槛过高、审批流程烦琐等问题，使得民营企业难以进入；同时，一些地方政府在招商引资过程中存在保护主义倾向，限制了民营企业的发展空间。

为了促进民营经济持续平稳地发展，各级政府需要积极营造公平、便利的市场环境，降低企业的交易成本，提高运营效率。在具体措施上，以山东省为例，2022 年 4 月，山东省财政厅出台《关于进一步加强政府采购和政府购买服务监管工作的意见》（以下简称《意见》），《意见》提出，政府采购预留给中小企业的份额比例要提高至 45%，非预留份额采购标包给予小微企业价格扣除 10%（工程 5%）顶格优惠。加强政府采购信息公开，落实供应商未中标理由公开制度。强化社会监督，畅通反映渠道，切实保障供应商的合法权益。定期开展政府采购领域妨碍公平竞争行为清理活动，加大对政府采购违法违规行为的打击力度，破除市场公平竞争的障碍和壁垒。《意见》的实施进一步优化了民营企业的营商环境，维护了公平的市场竞争格局，有利于激发民营企业的经营活力和发展动力。

第七章

典型案例分析

本章选取助力民营企业发展的优秀大型央企和一批市场地位和市场份额高、工艺国际领先、产品质量精良、持续创新能力强的民营企业作为分析的典型案例，旨在通过系统梳理并提炼这些企业的成长路径与发展模式，为民营企业群体在优化运营、实现规模扩张与增强实力等方面提供经验借鉴与战略启示。

简要总结为以下三点。第一，企业文化在民营企业成长过程中扮演着核心驱动的角色，它作为企业内在的精神支柱与动力源泉，不仅为企业的日常运营树立了明确的导向，还确立了长远的发展愿景与目标，是引领企业不断前行的关键要素。第二，围绕企业目标，民营企业依靠技术驱动、资源整合、市场创新和跨界发展等方式，打造了适合自身的竞争优势。第三，近年来政府出台大量支持政策，引导民营企业发展，民营企业积极了解和运用优惠政策，把握国家政策风口，社会各界形成了推动民营企业进一步发展的强大合力。

一、筑牢民营企业内生精神动力

民营企业的诞生与成长，离不开民营企业家筚路蓝缕的艰辛和持之以恒的拼搏。民营企业家个人的价值观塑造了企业文化的精神根基。企业的成长深受其核心理念的驱动，这种精神力量对公司的战略规划、文化塑造及其持续成长具有决定性的作用。企业家通过精准洞察市场趋势，将创新思维、勇于冒险和责任感等企业家精神整合到企业的前进道路上，他们通过鼓励在研发和管理上的创新，以及在决策中践行社会责任，使企业能够灵活应对市场变化，实现可持续发展。

（一）勇于创新的企业文化

企业创新的推进往往离不开领导者的引领与参与。以华为技术有限公司（以下简称华为）为例，公司创始人任正非将创新视为公司生存和发展的核心，他曾强调，不创新才是华为最大的风险。起初，华为以贸易业务为基础，在积累了初始资本后便转向了自主研发的道路。自转型以来，华为持续将年度利润的 10% 投入到技术研究与开发中，并致力于培养具有创新能力的员工队伍，华为通过构建具有竞争力的薪酬体系，成功吸引了全球顶尖人才的加入，携手推进企业的创新征程。华为不仅在多个关键领域实现了创新突破，还紧密跟随市场动态与技术潮流，持续追求卓越，不断强化自身的创新能力。这一系列举措为华为的长远战略规划与高质量成长之路铺设了坚实的基石，为企业的长远发展和高质量成长奠定了坚实的基础。

（二）积极转型的企业文化

以江西省祥橱实业有限公司的发展为例，面临传统调料市场竞争加剧、同质化竞争走入“死胡同”的困局，公司董事长徐春发带领企业积极转型，走出了一条以品牌建设为战略重心，以服务国家产业发展为行动纲领的新路。在产品开发上，公司坚定地遵循健康饮食的理念，展现出了背水一战、勇于革新的胆识，大力投资建立了尖端的研发中心、实验室和质量控制体系。同时，公司通过不断优化服务系统，塑造了以诚信为基础的企业文化，从而获得了消费者的认同与信任。

（三）回馈社会的企业文化

优秀的企业文化理应指导企业兼顾经济与社会双重效益，着眼于长期、可持续发展。回馈社会的企业文化贯穿了深圳迈瑞生物医疗电子股份有限公司（以下简称迈瑞医疗）的发展历程。公司将公益事业融入其整体发展战略和产业规划之中，积极履行社会责任。董事长李西廷认为，实现关键技术的突破固然体现了企业的综合实力，创造出新的成果、新的模式，给社会带来福利的增进，更是企业应有的使命担当。迈瑞医疗的社会实践证明了这一点，公司长期向经济欠发达地区捐赠医疗设施，并在教育领域投入巨额资金。此外，迈瑞医疗还致力于通过产业优化升级，推动地区经济的自我增长，从而实现从简单的援助到促进内生增长的转变。

二、打造民营企业核心竞争力

根据企业所依赖的主要核心竞争力不同，可将民营企业发展模式分为数字赋能型、技术驱动型、市场创新型、跨界发展型和资源整合型五类。

（一）数字赋能型

数字技术作为推动新质生产力发展的核心驱动力，其应用与数字化转型的深化，构成了数字赋能的关键路径，可以为企业量身打造更高效能、便捷化、智能化的服务体系及专业技术解决方案。这一过程不仅能促进企业创新能力的提升，还能显著扩大市场份额，实现生产效率的飞跃性增长与生产成本的有效降低，进而强化企业的综合竞争力，为民营经济注入蓬勃生机与活力。

1. 中国移动："端网云数"为中小企业数智化转型蓄势赋能

党的二十大报告提出，加快发展数字经济，促进数字经济和实体经济深度融合，打造具有国际竞争力的数字产业集群。在这一背景下，中小企业作为推动创新、促进就业、改善民生的重要力量，其数字化转型显得尤为迫切。中国移动通信集团有限公司（以下简称中国移动）积极响应国家号召与企业需求，利用 AI、大数据、云网技术，构建"端—网—云—数"一体化解决方案，全面赋能中小企业，助力其在高质量发展的道路上稳步前行。

（1）打造集约化运营服务，实现"端侧"泛智能物联。

随着中小企业在多领域智能化需求的升级，终端形态呈多样化发展趋势。但设备存在接入难、管理难、配置难等问题，如何实现真正的"智能化、便捷化、高效化"已成为亟待解决的突出问题。

中国移动凭借"物联网 +AI"的能力，在中小企业全场景中实现了智能硬件跨厂商的便捷连接和控制。这不仅打破了智能硬件间的孤岛状态，更为中小企业用户提供了优质的信息技术服务。

以某学院项目为例，该学院是人才培养中心的主阵地，现场培训时长单年最高达 9.7 万人天，线上培训时长单年最高达 7796 万人天，但一直缺乏对人员、车辆和设备的数智化监管。中国移动于 2023 年通过全场景智能连接技术，为学院提供了一站式解决方案。在通行方面，通过人脸识别和超级 SIM 卡技术，覆盖 260 多个关键点位，依托一站式平台管理能力，实现全天候的车行、人行保障和便捷高效的人车通行管理；在住宿方面，借助 NB（窄带物联网）技术、物联网平台和 AI 管理，实现无卡通行、智能化节电，预计能耗降低 20%，客房入住、查房管理从原有的 2 人 /150 间房，降低至 1 人 /150 间房；在安全方面，以“物联网平台 + 视频 AI 能力 + 智能摄像头”，提供周界防护、全景监控、自动巡更、关键区域监控等服务，解决园区内管理不及时、人力短缺等痛点问题。

（2）构建 FTTR 全光组网，实现“网侧”无缝漫游。

中国移动 FTTR（光纤到房间）全光组网服务，具备大带宽、高容量、无缝覆盖和智能运维的优势，将光纤延伸至工位，让稳定可靠的超千兆网络覆盖企业的每个角落，为中小微企业构建坚实的光网底座。

1）高并发助力商务楼宇高效办公。

在苏州某高端商务办公楼宇内，通过中国移动提供的专属 FTTR 方案，有力保障了楼宇 2000 平方米区域内所有员工的无线上网和办公，实现了待机数量超 200 台，且并发不卡顿；有线、无线网络隔离，访客和员工 SSID（服务集标识）隔离；Wi-Fi（无线网络）覆盖区域网速快、无感知漫游切换。

2）高容量护航大型基地无忧直播。

在东莞某大型直播基地的 120 个直播间内，有 240 个主播需要每周 7 天、每天 24 小时在平台进行直播。中国移动采用相应的 FTTR 方案，实现直播间网络信号全覆盖。自基地投入使用以来，所有直播间晚高峰期网络稳定流畅，无一卡顿；直播 PK 赛页面稳定流畅，未出现由于网络卡顿而导致“掉粉”的情况。

3）无缝覆盖提升餐饮行业网络服务。

在成都某酒楼，客户自行安装布放了“AC（无线控制器）+AP（接入点）”模式的 Wi-Fi 设备，但网络覆盖效果较差，不仅存在网络盲区，还时常出现信号不稳定的情况，导致顾客在扫码点餐、网上付款等方面的体验感不好。中国移动通过提供专属 FTTR 方案，为企业提供无缝漫游高带宽 Wi-Fi，实现了网络的全面覆盖，客户在点餐、付款等环节实现“零”卡顿，推动企业网络服务质量提升。

（3）夯实“云 +”基础，实现“云侧”技术融通。

中国移动已构建京津冀、长三角、成渝、粤港澳大湾区四大 3AZ（可用区）高可用算力中心以及覆盖 31 个省份的属地化算力资源，实现入云最快 1ms，为全国中小企业提供稳定、可靠、安全的上云服务及云上产品，助力中小企业降本增效及数智化转型，同时为业务发展提供端到端的安全防护。

1）上云服务加速产业园区降本增效。

基于230余款中国移动自有产品、2000余款生态衍生产品，中国移动为中小企业提供“IaaS+PaaS+SaaS（基础设施即服务+平台即服务+软件即服务）”端到端服务，以及公有云、全栈专属云、边缘云等多种形态云服务，满足中小企业在不同场景下的业务需求。

在金华某产业园区的云渲染项目中，采用中国移动公有云产品，实现资源按需使用，同时资源在云端实现备份，有效保障数据安全，避免因本地宕机造成数据丢失。

2）云上AI催化生产制造业数智化转型。

随着人工智能技术的不断发展，AI已成为中小企业智慧化转型的重要工具。中国移动积极拥抱“AI+”时代，以云为基础，筑牢AI发展根基，促进“AI+”产业融合，为中小企业提供数智化转型的催化剂。

在某保温杯厂家生产质检项目中，通过中国移动智能AI检测服务，实现了该保温杯从生产原材料到最终产品的全流程质量自动化、智能化监控，提高了整体生产效率和产品质量，为生产线的持续优化提供了强有力的数据支持。

3）云上安全守护机械制造业稳定发展。

在数字化时代，网络安全已成为中小企业稳定发展的关键因素。中国移动已上线20余款云安全产品，配备访问安全、边界安全、主机安全等安全防护能力。

在广东某衡器行业企业案例中，中国移动提供云上WEB（全球广域网）全栈防护方案，充分防护云上网站业务，提升企业整体的安全运营能力，有效防范黑客攻击和数据泄露等风险。

（4）构建权益分发平台，实现“数侧”精准营销。

中国移动针对中小企业营销触达不足的痛点，快速形成消费权益线上分发解决方案，该方案依托中国移动梧桐大数据平台丰富的数据资源、强大的数据处理能力和云计算基础设施，结合精细化用户定向分析能力、融合渠道营销能力，以梧桐智投平台为抓手，为中小企业提供一站式广告投放服务，包括需求收集、广告素材制作、人群圈选、广告位匹配、消费权益分发、消费者精准触达等。

1）大数据精准营销赋能证券公司降本增效。

某证券公司的营销成本一直较高，为此，中国移动梧桐大数据平台与该证券公司合作，利用中国移动丰富的数据资源，通过制定一系列精准投放的策略，结合专业运营投放能力，大幅提升了证券开户推广业务广告的点击率，有效留资成本下降了 72%，相比该业务在其他平台的同期投放，降本增效效果显著。

2）精准权益分发助力旅行社业务规模增长。

为解决某旅行社营销成效不佳的问题，中国移动在对该旅行社此前的权益推广活动进行复盘分析的基础上，制定媒体组合投放策略，实现目标客户精准权益需求匹配。同时，优化营销全流程关键环节，提升权益领取转化率。经验证分析，相关权益推广页面触达率从 40% 提升至 80%，通过用户持续领取权益并进行消费，有效扩大了该旅行社业务规模。

3）大数据助力日化品牌广告 ROI（投资回报率）最大化。

某日化品牌在营销投放过程中 ROI 较低。中国移动基于梧桐大数据平台对该品牌的目标消费人群进行分析，结合用户、商品的相关特征，构建了营销预测大模型，精准识别并扩大了品牌的潜在客户群体。同时，梧桐智投平台为客户提供一站式广告投放运营服务，广告投放内容与目标受众的精准匹配，实现客户 ROI 最大化，有效提升企业品牌市场竞争力。

随着 5G、云计算、大数据、AI 等新技术的快速发展，中小企业也将迎来数字化转型的黄金时期。作为中央企业，在“客户为根，服务为本”理念的指引下，中国移动有望通过为中小企业提供更多数智化转型服务，助力中小企业在智能化浪潮中乘风破浪，为中国经济的高质量发展贡献力量。

2. 中国电信：引领数字发展浪潮，激发中小企业数字化转型新动能

近年来，中国电信牢牢把握数字中国建设的核心要义和实践要求，坚定履行建设网络强国和数字中国、维护网信安全的使命责任，加快发展以科技创新为核心的新质生产力，以“云、网、数、智、安”一体化服务体系赋能中小微企业数字化转型发展，在新型工业化、新型数字信息基础设施、食品安全社会共治、数字新消费等领域助力实现“小体量”释放“大能量”。

（1）构建“5G+ 智慧工厂”全场景解决方案，助力新型工业化建设。

制造业数字化转型是推进新型工业化的重要举措，是中国梦落实到工业战线的生动实践，旨在通过信息化和技术创新推动产业升级，构建现代化产业体系。

中国电信发挥自主创新能力，一是打造了基于工业行业信息基础设施建设的数据入口；二是自主研发重点工业行业 EMS（能量管理系统）、轻量化 MES（生产执行系统）、ERP（企业资源计划）、WMS（仓储管理系统）等行业应用；三是在工业大数据汇聚的基础上，为工业大模型训练提供基础，加快工业大模型的训练和迭代，实现人工智能赋能新型工业化。中国电信依托强大的 5G 网络、云计算基础设施以及大数据分析能力与自主研发能力，面向制造业企

业，构建“一张网、一个平台、N 大应用”的一体化“5G+ 智慧工厂”全场景解决方案。

在与某车轮制造企业的合作中，中国电信基于“5G+ 工业 PON（无源光网络）”“双千兆”网络，结合边缘计算和云服务，搭建了统一的运营体系。利用 5G 技术打造的全面互联智能制造平台，实现了人员、机械、物料、方法、环境和测量等关键生产要素的全面融合。这种整合促进了生产线、车间以及整个工厂层面的创新应用，加速了制造业从传统制造向智能制造的转型，实现了工厂的全连接数字化改造。通过这一平台，生产流程的各个环节得以无缝衔接，为制造企业提供了数字化、智能化的升级路径。

通过联合创新攻关，针对轮毂检测算法，完成市面上首个 AI 轮毂检测算法与 AI 轮毂质检动作识别算法的研发。通过分析 14 万张轮毂照片，采用生成对抗网络的方式解决数据长尾问题，提高了数据的均衡性。这一算法不仅准确率高达 97%，且每张图像处理时间仅为 2 毫秒，有效提升了生产线上的检测效率和产品质量。

通过实际应用，中国电信协助企业将轮毂质检合格率提升至 97%，实现了 AI 100% 质检，显著节省了质检环节的人力成本。这一项目不仅为中小企业探索出一条数字化转型的可行路径，也为整个制造业提供了宝贵的经验。未来，中国电信将继续扩大这一实践的影响力，推动更多行业的数字化转型，共同迈向数字化、网络化、智能化的未来。

（2）AI 赋能，明厨亮灶助力食品安全综合治理新模式。

随着科技的不断进步，人工智能已成为当前科技革命和产业变革的核心动力，它正引领着产业界开展新一轮转型。在这样的大环境下，中国电信致力于将先进的智能科技全面融入人们的日常生活之中，旨在让数字化的生活方式变得切实可行。通过这种整合，中国电信希望能够推动社会向更加智能化和便捷化的方向迈进。

食品安全关乎每个人的健康与福祉，却常因监管之难而成为社会之痛。面对监管人员有限、风险隐患难以即时发现的双重挑战，中国电信打造“明厨亮灶餐饮安全在线”平台，融合了人工智能、物联网、大数据等前沿技术，打破传统监管的局限，实现了对食品安全的全方位、“无死角”监控。使后厨的每一寸空间都在 AI 的精准“视线”监控内，无论是有害生物的潜入，还是后厨吸烟、玩手机等不规范操作的发生，都能被实时识别、即刻处理。同时，平台与饿了么等服务平台进行对接，拓宽共治渠道，让每个人都能成为食品安全的守护者。

这样的场景已在重庆成为现实。当前，重庆市内已有超 3 万家的食品生产、餐饮企业接入“明厨亮灶餐饮安全在线”平台，同步在线监控超 5 万路，调用 AI 算法超过 11 万次。同时，将食品安全监管延伸至校园，平台服务校园食堂近 8000 家，进一步推进了食品安全社会共治。

通过采用先进的智能科技，中国电信助力构建更为严密的食品安全监管网络，确保消费者的饮食安全，为推动食品安全领域的数字化转型作出了积极贡献。

（3）云电竞 2.0——颠覆传统上网服务，引领行业转型升级。

随着数字信息基础设施在经济社会发展中的作用日益凸显，上网服务行业遭遇了重大发展瓶颈。行业增长放缓、高成本投入与客户体验不佳成为阻碍行业发展的三大障碍，这使得众多网吧和电竞酒店面临经营困境。中国电信加强新一代信息通信技术创新迭代和深度融合，持续优化算力资源布局，打造云电竞 2.0 解决方案，为上网服务行业注入新活力，开启了降本增效的全新运营模式。一是上云升级，从 CPU（中央处理器）存储上云到"GPU（图形处理器）算力 + 存储"全面上云，实现核心硬件资源的云端化，致力于打破设备采购难、维护成本高、更新迭代慢的束缚，让企业轻装上阵，资金效率显著提升。二是网络升级，打造行业专属电竞专网，以高可靠、低延迟的信息高速公路精准满足游戏体验对网络的极致要求。三是一体化服务升级，中国电信凭借丰富的企业数字化转型服务经验，提供"以云为底座、线为基础、网为关联，链接终端、延展应用"的一站式服务，整合算力、网络、安全等要素，助力企业实现数字化转型。

以四川为例，中国电信已成功构建超过 500 个电竞云算力节点，结合 OTN（光传送网）精品专网，为电竞酒店、公寓、网吧等提供"网络资源 + 算力环境 + 游戏资源"的全方位云电竞服务。逾 200 家上网服务企业选用云电竞解决方案，经营成本平均下降 42%，营业额平均增长 38%。

在全国范围内，中国电信的云电竞 2.0 服务正在与文化和旅游部确定的全国互联网上网服务行业云服务试点城市合作，为该行业的转型升级贡献更大力量。

（4）打造数字引擎，领航数字消费新纪元。

随着数字消费理念的兴起，中国的消费市场正在经历一场重大的转型。在双循环新发展格局下，新兴的数字消费模式不仅迎合了消费者对更高品质生活的追求，还提升了消费体验的个性化和效率。这一变化标志着消费行为的一次根本性演进，反映了技术进步与消费者需求之间的相互作用和影响。

在此背景下，中国电信结合自研新一代"翼支付"平台，采用行业领先的分布式架构，支持高达 350 万 TPS（每秒事务处理量）的高并发处理能力，通过 1.2 亿月活用户的庞大基数，结合中国电信"流量 + 科技 + 电商"的专业化运营优势，构建"产数电商"综合解决方案，助力商家电商代运营及品牌带货服务，深入挖掘产品卖点，推动地方产业品牌走向全国，实现产业振兴，累计实现超 4 亿的曝光量。同时，中国电信建设超过 3000 平方米的专业化客服中心和 2000 多个客服座席，提供全天候、多渠道的服务，保证用户良好的体验。

当某农业企业面临销售渠道短缺的挑战时，中国电信积极响应客户需求，深入分析产品优势，突出凉山蓝莓果肉大、甜度高等特点，为其提供了定制化的宣发方案。通过翼支付 App、中国电信 App 等多渠道推广，结合直播、员工福利、工会集采等线上线下多渠道销售策略，企业实现了单品曝光量超百万次，单日订单量突破 1000 笔，销售额同比增长 60%，中国电信电商渠道销量占比超过 25%，节约投放广告的成本超过 10 万元，成功打造了爆品形象，扩大了产品在全国范围内的辐射力和市场影响力。

在数字消费时代，中国电信构建的数字引擎不仅为企业提供了强有力的支持，还为消费者带来了更加丰富、便捷的消费体验，共同开创了数字消费的新篇章。

（5）服务升级，将数字化升级服务直达中小企业“家门口”。

中小企业的蓬勃发展孕育了经济繁荣的活力源泉。然而，中小企业具有量大面广的特点，如何将扶持政策切实落实到企业成为了新的课题。

作为数字化转型的先行者，中国电信与武汉市地方政府机构展开了紧密的合作，将数字化转型服务融入武汉市的中小企业支持框架中。中国电信已正式入驻武汉市首批 12 个区级中小企业服务工作站，这些工作站分布在不同的工业园区，为中小企业提供便捷的数字化升级支持。在这些工作站中，中国电信引入了创新的“翼办公”视频会议系统，企业代表可以亲自访问工作站或通过智能屏幕远程与服务专家进行互动。这些屏幕能够根据客户的描述，以动画方式展现客户的业务运营环境和中小企业在数字化转型中的常见需求。通过线上线下服务团队的协作，中国电信能够精确地理解客户的具体需求，并提供定制化的初步解决方案。展望未来，中国电信计划以这些首批工作站为示范，进一步在湖北省建立 300 个中小企业服务工作站，并部署 800 名服务专员。这一策略旨在实现对企业需求的快速响应，确保服务能够触达广大中小企业，从而将数字化服务直接送到企业的“家门口”。

中国电信致力于持续推动科技创新，降低中小企业数字化转型门槛，为发展新质生产力、实现高质量发展注入新动能。

（二）技术驱动型

技术驱动型是指以科技创新为驱动、核心技术为主导，通过锻造科技创新优势而逐步成长的企业。企业的核心竞争力根植于其独有的核心技术体系，这一体系涵盖了企业自主研发的核心技术与享有的独家引用技术，构成了推动企业实现高速增长与可持续发展的强大引擎。对于此类企业而言，维持并持续增强技术创新优势，是确保其核心竞争力稳固不坠、在市场中保持领先地位的核心策略。这类企业通常具备一支由高学历人才构成的专业团队，并在技术创新方面展现出显著的实力。它们倾向于集中资源和精力在特定的高新技术领域进行深入研究与开发，旨在通过取得关键性的技术突破来证明其市场价值和存在的意义。在成长的早期阶段，这些企业往往会选择一个较小的细分市场和专注的产品线，通过专业化的技术创新来构建竞争优势，以此作为发展的起点。随着企业逐渐成熟，它们通过增强自身的创新能力和构建合作网络来维持并扩大其在市场中的领先地位。

1. 上海昱章电气股份有限公司

成立于 2008 年的上海昱章电气股份有限公司（以下简称昱章电气），是一家依托技术优势的高科技企业，专注于电气控制系统成套设备的全方位业务，包括科研、开发、生产、制造、调试及服务。该公司的产品系列丰富，涵盖核能、风能、火力、燃气、抽水蓄能以及风—光—储等电站设备，为各类电站提供全面的系统解决方案。

昱章电气的研发团队由 81 名经验丰富、学历高的专业人员组成，他们已累计获得 50 项知识产权，其技术创新在多个方面填补了国内空白，并在某些领域打破了国际企业的垄断局面。公司的两个项目荣获上海市高端智能装备首台突破奖和上海市工业强基项目立项。其中，“1E 级可控相复励无刷励磁系统”的研发成功，使其产品不仅在国内市场上占据了一席之地，而且其综合性能与国际先进水平相当，部分性能甚至超越了国外产品。该产品的价格优势明显，仅为同类进口产品的 27%，为企业带来了显著的经济和社会效益。

自成立伊始，昱章电气便致力于自主研发与技术革新。在公司初创阶段，昱章电气将所有收益再投资于核电项目的研发。公司成功研发了包括“新型数字化的核电站棒控棒位控制系统及棒位探测器”“核电站核级应急柴油机组控制系统”在内的关键设备，这些成就不仅打破了国际企业的市场垄断，还对促进国内发电设备的本土化生产和降低电站设备成本产生了深远影响。

此外，昱章电气在国内还完成了应急柴油发电机组的加载计算和发电机–励磁机系统的联合优化设计，进一步打破了国外在该技术领域的垄断。公司的这一成就，使其成为继德国西门子公司、法国阿尔斯通公司之后，全球第三家能够提供 1E 级励磁系统产品及服务的制造商，为国内电站设备产业的进步作出了贡献。至今，昱章电气已为全球超过 120 个项目提供了卓越的产品和服务。

昱章电气与德国西门子公司合作，将跨国公司高质量组件与昱章电气在系统选型设计、调试技术、整套培训管理机制以及技术服务等方面的优势有机结合起来，实现研发、生产、服务“一条龙”，保证整个发电项目的高效与质量。在发展过程中，昱章电气探索出由合作方提供主要部件，公司提供本地化设计布局、组装、调试和服务的合作模式。通过合作，昱章电气不仅占领了市场，还学到了国际巨头的先进技术和管理理念。

在产品开发的策略上，昱章电气坚定地遵循专业和高端的发展路径。公司以市场需求为指导，密切关注全球电力自动化行业的发展趋势，包括新兴技术、工艺和材料的进展。昱章电气致力于对标国际顶尖标准，增强其研发实力和技术创新能力，致力于提升产品的系列化、通用性和标准化程度。这一策略旨在确保产品在保持技术先进性和可靠性的同时，能够适应多变的地质环境和操作条件，满足用户的多元化需求。通过这种市场驱动的产品开发模式，昱章电气能够持续推出符合特定应用场景需求的定制化解决方案。

昱章电气积极创新产学研合作模式。在加强与华北电力大学、上海电力大学等教育机构合作的基础上，公司根据研发项目的需求、紧迫性以及全球技术进步的趋势，主动与上海电气集团股份有限公司、上海核工程研究设计院股份有限公司等企业建立合作关系。通过这种跨领域的产学研联盟，昱章电气显著提高了研发项目的针对性和实施效果，进一步推动了科技成果的转化和应用。

2. 山东天工岩土工程设备有限公司

山东天工岩土工程设备有限公司成立于2009年，以研发生产高端盾构、采掘、凿岩工程机械专用刀具为主导产品，是国内外技术水平领先的采掘、凿岩设备专用刀具的生产企业，其技术研发能力、质量保障体系和品牌价值位居全球前列。自主研发的高性能盾构刀具打破了高端刀具依赖进口的局面。目前产品主要客户为中铁工程装备集团有限公司、中国铁建重工集团股份有限公司、中国铁路工程集团有限公司、中水集团远洋股份有限公司、中国交通建设集团有限公司等大型国企。拥有全国工业品牌培育示范企业、中国优秀民营企业、山东省制造业单项冠军、瞪羚企业等资质和荣誉。

公司非常重视研发创新，建有山东省盾构刀具工程技术中心，建立完善的研发创新管理体系，利用各种途径激励技术人员加大产品创新、工艺改进。规范的企业管理为技术创新提供保障。企业在行业内率先制定了首部行业标准，并进一步制定了严于国家标准的企业规范。公司采纳了6S管理准则，并实施了精益生产策略，依据ISO 9001质量管理体系的指导原则，构建了内部管理体系并实施了细致的管理，取得了显著成效。此外，公司还全面部署了企业资源计划（ERP）管理系统。全线推行工序报工信息化管理，并物化到 ERP 系统中，推进了公司向精细化生产管理转型。先进的生产设备工艺是产品创新的坚实基础。公司建有现代标准化生产车间，采用国内外先进的生产设备，建有国内先进的工程、矿用刀具生产线，保证了产品的精度、硬度、强度及韧度。公司的创新方向紧跟客户需求，建立了协同创新的服务模式，同中铁工程装备集团有限公司、中国铁建重工集团股份有限公司两家大型盾构机生产企业建立了长达十多年的合作关系。在产品销售过程中，积极同客户进行沟通，为客户提供最优的刀具配置方案，最大限度提高效率、降低成本。在生产过程中，公司加强自动化改造，创新了生产模式。公司购置六关节工业机器人，辅以高效的物料传送系统，组建成了多条采掘、凿岩刀具自动化生产线，在工艺技术、检测试验技术等方面实现了智能化突破。利用云数据库，实现了机械与信息的融合、产品系统化整合和数字化监控。

山东天工岩土工程设备有限公司坚持面向市场需求的创新方向，注重精细化生产、精细化管理和精细化服务。公司凭借卓越的产品、服务以及良好的市场信誉和成本效益比，确立了其在国内市场的领先地位。同时，公司创新服务方式，为客户提供定制化专业服务。在创新过程中，信息管理让成本核算更加精细化、合理化，能真实准确地反映产品成本，为产品报价提供了翔实的基础参考。此外，公司全面提高了产品的精度标准和寿命标准，攻克了阻碍行业进步的关键共性技术难题。

3. 东莞市李群自动化技术有限公司

东莞市李群自动化技术有限公司重视创新引领，通过内部技术创新和外部合作，不断提升公司技术水平。公司成立于 2011 年，主营业务为轻量型高端工业机器人的研发、生产、销售与应用。在册员工 260 人，其中研发人员有 105 人，超过总人数的 40%。东莞市李群自动化技术有限公司已经成功推出了包括平面多关节机器人、并联机器人、轻量六轴机器人在内的九大系列共 30 种型号的产品，是全球第二家、国内首家拥有全品类工业机器人产品的公司。

技术创新是公司的生命线，为了实现成为世界级轻量机器人领军者这一战略目标，公司建立了完善的研发管理体系。针对项目和资金管理，先后制定了《研究开发组织管理制度》《研发投入核算管理制度》《科技成果转化管理制度》等，保证项目顺利开展；为加强合作开发和人才引进，制定《产学研合作管理办法》，形成对人才的吸引；为激励员工研发，制定《创新创业平台管理制度》《研发人员绩效考核制度》《员工培训管理制度》等，设立创新奖励，鼓励科技人员参与技术创新，提升整体研发实力。

在内部技术创新方面，公司加大自主研发力度。年度研发投资超过公司年收入的 10%，并建立了包括广东省博士后创新实践基地和智能化工业机器人研究中心在内的多个创新研究平台。公司成功研发了新一代分布式驱控电一体化智能控制器，有效解决了机器人核心零部件依赖进口的问题；同时，开发了机器人图形化开发平台，填补了国内在机器人柔性智能应用领域的技术空白。公司在机器人运动控制、驱动和视觉等关键技术方面取得了突破，并拥有84项国家授权的自主知识产权、8项核心发明专利、43项实用新型专利、8项外观设计专利和25项软件著作权。公司每年通过新产品、新技术和新工艺开发获得的销售收入占到了总收入的70%以上，且新产品的销售利润占总销售利润的比例也超过了70%。

在外部合作创新方面，公司建立了稳固的长期对外合作关系。与香港科技大学、韩国首尔大学、哈尔滨工业大学、电子科技大学、河北工业大学等高等院校保持长期紧密合作关系，加大投入引进所处行业细分领域的高技术人才，并与蓝思科技股份有限公司、宁德新能源科技有限公司、富士康科技集团、香港美心集团、深圳市大疆创新科技有限公司等龙头企业构建产业合作，不断提升内部研发实力。

东莞市李群自动化技术有限公司在技术创新方面独具优势，源于其重视科技项目和新技术、新产品的研发与管理，建立了较为完善的研发投入核算体系，做深产学研合作，从制度上保证研发资金投入和开发项目顺利进行。

（三）市场创新型

市场创新型企业围绕着及时适应市场需求建立自身的市场竞争优势。消费者需求瞬息万变，市场创新型企业需要敏锐捕捉这些需求，并通过创新产品和商业模式，尽可能地满足消费者的需求。甚至可以用生产引领消费，通过供给创造出新的需求，引领消费市场变革。

1. 上海纳琳威科技股份有限公司

上海纳琳威科技股份有限公司（以下简称纳琳威）成立于2015年，主要从事新材料领域无机纳米塑料改性产品研发、生产和销售业务，是一家全产业链科技创新型企业。纳琳威是工业和信息化部工业企业知识产权运用试点单位、上海市科技小巨人培育企业、首批上海市服务型制造示范单位，荣获上海市重点产品质量攻关成果项目三等奖等荣誉。自成立以来，公司销售收入呈倍速增长。纳琳威与同济大学、上海交通大学联合成立博士后研发工作站，成功申报发明专利47项。

纳琳威的主营业务产品为PET（聚对苯二甲酸乙二醇酯）功能性光学薄膜和TPU（热塑性聚氨酯橡胶）漆面保护膜。公司PET功能性光学薄膜打破日本三菱集团、韩国SKC、美国

3M 公司的长期垄断地位，其内添加的制造工艺属全球首创，技术水平达到国际先进。目前纳琳威与全球 60% 的下游企业达成合作，该产品的出口额超过其销售收入的 30%。另一主营产品——TPU 漆面保护膜打破了美国多年的技术垄断，是全球第二家拥有 TPU 漆面保护膜全产业链的生产企业，成为国内 TPU 漆面保护膜出货量较多的企业。新冠疫情期间，该产品飞速替代美国阿古泰克公司的同类产品。

纳琳威的竞争优势源自“独特”“独有”“独家”。能够实现这一点，离不开纳琳威准确定位，解决客户痛点。它建立了行业独有的塑料改性材料研发服务和产业化平台，定位于无机纳米塑料改性新材料领域，为下游传统塑料企业提供定向研发、工艺配套等解决方案，帮助客户快速完成从研发设计、“小试”实验到“中试”实验再到产业化的进程，可一站式解决客户研发投入大、缺少合适的“中试”平台、不了解工艺和设备等难以产业化的问题，使客户在人员不变、设备不变、工艺不变的前提下，实现产品升级目标。一站式解决方案可为行业节省大量管理成本和中间成本，并推动传统塑料加工行业向复合材料领域转型，形成行业新的发展方向和利润增长点。同时，服务平台不断积累的有机、无机复合材料在光学、力学、磁学、电学等方面的改性数据，为后续研发创新提供了支撑。有了配套研发服务和产业化平台，在传统质量管理体系的基础上，纳琳威进一步发展并形成了一套独特的“专精特新”质量标准框架。这一框架旨在推动公司向专业化、精细化、特色化和创新化方向发展。通过这些质量标准的实施，纳琳威成功塑造了一个具有强大生命力、稳健经济效益和创新活力的高成长型企业形象。通过紧紧抓住客户需求的关键点，凭借强大的研发团队，自主研发特色产品、开展特色产品性能定制服务，采用独特工艺和技术进行研制生产，公司产品和服务拥有区别于其他同类产品的独立属性。

2. 宁波松科磁材有限公司

宁波松科磁材有限公司（以下简称松科公司）凭借其自主研发的高性能烧结钕铁硼稀土永磁材料生产技术，运用尖端的制造流程，致力于稀土资源的深度、精确和全链条规模化加工。该公司通过实现资源的高效利用和产业链的扩展，以较低的成本投入产出高价值的产品。其专业化的协作配套产品服务于全球新能源汽车、节能电梯和节能空调等多个领域，为推动环境友好型产业的发展作出了贡献。松科公司主要从事稀土永磁材料的研发、制造和销售，公司成立于 1998 年。拥有专业的永磁材料检测平台，配备国际先进的检测设备，近几年研发投入经费超千万元，占其主营业务收入的 5% 以上。拥有省级企业研究开发中心、宁波市级企业工程技术中心、宁波市级企业研究院，具备完备的研究试验硬件条件。松科公司建成国际一流的烧结钕铁硼生产线，自主研发多个高综合性能磁体，所生产的产品对标国际先进水平，产品性能居于国内领先地位。

松科公司的成功来自对市场需求的精准把控，以专业化的产品响应市场需求。一是重视技术研发投入及合作。加强与国内外科研机构在核心技术上的合作，实行产学研互助模式，在稳定生产传统牌号的烧结钕铁硼稀土永磁钢的基础上，研发出一系列高端烧结钕铁硼稀土永磁钢。引进多名高级技术研发人员，团队由老、中、青梯队组成，队伍稳定，技术力量强，能胜任高性能产品的研究开发工作。二是提前布局销售战略。深入研究客户未来市场的产品结构，由半成品升级为成品，产品性能由中高端升级为高端，改变了原有产品附加值低、市场竞争激烈的困境。公司产品采用外销与内销相结合的方式，在立足国内市场的同时，部分产品远销国外。三是预留产能储备。2018 年底投资 2 亿多元建设的新厂房投入使用，该厂房预留 2000 吨产能为今后大项目起量做储备。公司每年投入 1000 多万元技改资金，用于智能车间的改造及先进制造设备的添加。公司设备投资累计近 1 亿元，产品贯穿整个完整的生产流程。提前规划产能储备不仅满足了目标市场的客户需求，也促进了企业的自身发展，为今后引进其他战略合作客户奠定了基础。

（四）跨界发展型

跨界发展型是指企业发展到一定阶段后，通过并购或技术投资，转而进入与原有主营业务明显不同的领域，并在较短时间内形成具有较强竞争优势的企业。

1. 宁波杉杉股份有限公司

宁波杉杉股份有限公司（以下简称宁波杉杉）从传统服装行业起家，后进入新能源材料领域，逐步将核心业务转为锂电池材料，目前已发展为全球最大的锂电池材料综合供应商之一。目前，宁波杉杉正加速在新能源汽车整车研发、动力系统集成、专用底盘开发、充换电设施建设和三电系统（电池、电机、电控系统）维护等多个新能源产业链环节进行战略布局，以实现其在新能源领域的全面转型。

2. 山西美锦能源股份有限公司

山西美锦能源股份有限公司（以下简称美锦能源），是国内最大的炼焦煤生产商之一。作为一家传统煤化工企业，美锦能源面对绿色发展的时代趋势，主动选择转型升级，立足优势主业实现跨界发展。

自 2017 年起，美锦能源积极布局氢能产业，公司制定了“一点（整车制造）、一线（燃料电池上下游产业链）、一网（加氢站网络）”的总体规划。在整车制造方面，2017 年，美锦能源投资控股佛山市飞驰汽车科技有限公司（以下简称飞驰科技），该公司专注于氢燃料电池汽车的研发生产。2019 年，美锦能源参股广州国鸿氢能科技有限公司，该公司专注于燃料电池电堆的研发和生产。2017 年，美锦能源创建鸿基创能科技（广州）有限公司，该公司专注于低成本、高性能膜电极的规模化生产。

美锦能源围绕氢能源物流汽车的使用，积极拓展物流业务板块。2022 年 8 月，美锦能源旗下飞驰科技向山西晋南钢铁集团有限公司交付 100 辆 49 吨氢燃料电池重型卡车，这是氢燃料电池重型卡车在钢厂投运的最大规模。2024 年上半年，飞驰科技 30 辆 49 吨氢燃料电池重型卡车正式交付嘉兴港并投入运营；20 辆氢能冷藏物流车交付广州易运物流有限公司和武汉广顺集团股份有限公司并投入运营，标志着粤港澳大湾区绿色氢能物流的示范应用场景正式启动。2024 年，美锦能源与武安市围绕氢能车辆运输服务、氢能车辆租赁服务、加氢站投资及运营服务、氢源项目的投资等方面进行战略合作，致力于打造“京津冀晋鲁豫”跨省的绿色氢能运输干线和氢能物流集散中心。

（五）资源整合型

资源整合型是通过整合技术研发、市场渠道、管理运营及人才、资金、配套基础等全球资源而构成综合核心竞争力的企业。这类企业往往通过并购国外相同行业中的领先企业，深入融合标的企业的企业文化和管理战略，并依托国外先进技术、市场营销优势和管理运营经验在国内设立新公司或新业务版块，形成核心品牌优势，实现跨越式发展。资源整合型企业的构建基石，根植于战略优势与企业文化优势的深度融合，前者提供前瞻性的战略导向，后者则作为精神源泉，赋予企业不竭的驱动力。

1. 深圳万讯自控股份有限公司

深圳万讯自控股份有限公司（以下简称万讯自控）展现了民营企业在资源整合方面的卓越实践。该公司自 1994 年成立以来，一直深耕于仪器仪表行业，并在技术革新与市场需求的双重驱动下，实施了两次关键的战略转型。

第一次转型是从单一代理向合作开发模式转变。在成立之初，万讯自控主要代理国外自动化仪表产品，年营业额约为 2000 万元。公司迅速洞察到自动化仪表行业的分散性和专业性，以及行业领导者规模的局限性。因此，万讯自控选择通过建立合资企业，将国际技术引入国内，以实现降低成本和技术开发的本土化。

第二次转型是向自主研发与合作并行的模式演进。进入21世纪，随着国内基础设施和工业建设的迅猛发展，工业自动化仪表行业面临新的增长机遇。面对市场被进口品牌主导的局面，万讯自控坚定了自主研发和品牌建设的战略，并积极引进高端技术人才。

在过去三十年的发展中，万讯自控通过国际技术合作与自主研发，不断提升其技术实力和市场扩张能力。2001年，公司获得了ISO 9001质量体系认证；2002年，公司自主研发的首款信号调理器投入市场，并在技术门槛较高的冶金行业得到应用；2009年，公司被认定为国家高新技术企业；2010年，公司在创业板成功上市；2011年，公司推出了国内首款防雷型智能阀门定位器，确立了其在国内市场的领先地位；2014年，公司参与了基于HART（可寻址远程变送器高速通道协议）的阀门定位器国家标准的制定；2021年，公司被评为专精特新“小巨人”企业。

近年来，万讯自控积极拓展高端传感器、工业机器人3D视觉系统和中高端数控系统等新兴领域。2015年，公司对丹麦Scape公司进行了投资，并在2016年与其合资成立了深圳视科普机器人技术有限公司，专注于工业机器人3D视觉技术的发展。2021年，万讯自控与丹麦Scape公司合作推进的3D视觉系统标准化机器人解决方案在国内取得了显著进展。公司的工业机器人3D视觉系统已在宝马、奔驰、奥迪、大众、沃尔沃等知名汽车制造商中得到应用，在2021年中标中国重汽工序自动化提升项目。

万讯自控还在物流分拣、视觉焊接机器人和康复机器人等领域进行持续的技术创新，以期在智能自动化生产线之外实现新的突破。目前，万讯自控已完成物流自动化分拣工业机器人3D视觉系统的开发和测试，并在某大型电商企业的包裹分拣系统中开始进行现场调试。

近年来，万讯自控成功完成了多项并购，包括2012年收购上海雄风自控工程有限公司、上海妙声力仪表有限公司、天津市亿环自动化仪表技术有限公司；2013年收购广州森纳士仪器有限公司；2015年收购成都安可信电子股份有限公司；2017年收购成都特恩达燃气设备有限公司；2020年收购上海贝菲自动化仪表有限公司；2021年收购广州精信仪表电器有限公司。此外，公司还通过投资丹麦Scape公司、无锡凯尔克仪表阀门有限公司等企业，加强了战略布局和业务拓展。

2013年万讯自控收购的广州森纳士仪器有限公司在高精度和超高压智能压力传感器领域处于国内领先地位，此次收购为万讯自控在工业自动化仪表高端市场的拓展和在石油、石化、冶金等高壁垒应用领域的份额增长提供了坚实的基础。

2015年，万讯自控通过现金和股份支付的方式收购了成都安可信电子股份有限公司，推动了公司在气体检测和报警领域的产品线扩展和市场渗透。

2021 年，万讯自控收购了广州精信仪表电器有限公司 51% 的股权，该公司在位移、震动、转向及磁浮传感器等领域拥有先进的技术和产品，广泛应用于工业设备运行监测和磁浮列车等高端领域。广州精信仪表电器有限公司的磁浮传感器产品已被应用于国内多个磁浮快线项目中，包括长沙、北京和即将投入运营的清远磁浮快线，以及时速 600 公里的高速磁浮实验车。此次收购是万讯自控在传感器高端市场和进口替代战略中迈出的重要一步。

2. 苏州天孚光通信股份有限公司

苏州天孚光通信股份有限公司（以下简称天孚通信）的资源整合实践表现为垂直整合、技术与解决方案平台整合以及行业资源整合。天孚通信于 2005 年成立，2015 年于创业板上市，是业界领先的光器件整体解决方案提供商。公司目前已形成以苏州市为研发总部，以日本、深圳市为研发分支，以江西省、东南亚地区为生产基地，以美国、深圳市、武汉市为技术支持分支的全球化网状布局。

天孚通信在光器件行业的发展历程可分为三个阶段。上市前天孚通信的业务以最基础的三类无源产品为主，包括陶瓷套管、光纤适配器和光收发接口组件。上市后天孚通信逐步补齐无源光器件产品线、有源光器件代工和封装产品线，朝平台化方向发展。2020 年天孚通信收购苏州天孚精密光学有限公司和北极光电（深圳）有限公司，构建高速光引擎平台，在整合无源光器件和有源封装业务的基础上，进一步向非通信领域延伸。

在垂直整合方面，天孚通信从上市前的最基础的三类无源产品业务起步，通过向上游延伸制造工序，建立了高精密 CNC（计算机数学控制机床）数控加工生产线和注塑生产线，实现了从设计到量产的全流程控制。这种一体化优势使天孚通信能够提供高性价比的产品，且毛利率高于竞争对手。此外，天孚通信还从元器件向集成封装器件和有源代工封装转型，提升了业务附加值和客户响应速度。

在技术与解决方案平台整合方面，基于十余年的技术积累，天孚通信整合了波分复用耦合技术和创新平台、FAU（光纤桥接跳线）光纤阵列设计制造技术和创新平台等九大核心技术平台，以及高速同轴光器件解决方案平台、高速率 BOX（气密封装）器件封装解决方案平台、高速光引擎解决方案平台等九大解决方案平台，提高了技术复用度和客户服务能力。天孚通信在精密陶瓷、工程塑料等领域拥有全球领先的工艺技术和创新平台，助力公司产品由元器件向集成产品转型。

在行业资源整合方面，天孚通信通过吸收领先技术和扩充产品版图获得更多优质资源。

2016年，天孚通信参与收购日本住友机械工业株式会社，获得纳米级精密光学透镜的技术团队和资源。2020年天孚通信收购北极光电（深圳）有限公司，增强公司在高端镀膜技术领域的研发能力。

三、形成促进民营企业良性发展合力

民营企业的蓬勃发展，其背后离不开一系列有利的外部条件的支撑。推动民营经济繁荣，离不开国家层面经济政策的鼎力扶持与积极引导。构建优质的营商环境，是确保民营经济能够持续优化、壮大与增强的关键基石。国家依法坚决捍卫民营企业的产权安全及企业家的合法权益，致力于营造一个所有企业均能依法平等获取生产要素、公正参与市场竞争、同等享有法律保护的环境。

近年来，从中央至地方政府层面，密集出台了一系列旨在鼓励与指导民营企业发展的政策文件，这些举措为民营企业提供了广阔的发展舞台与机遇。同时，民营企业也积极响应国家号召，充分把握政策红利，紧跟战略性新兴产业崛起的时代潮流，勇于抓住历史性的发展机遇，借政策之春风，实现了企业的跨越式发展。

1. 深圳市铂科新材料股份有限公司

自2009年成立以来，深圳市铂科新材料股份有限公司（以下简称铂科新材）已在金属软磁粉芯材料的研发和制造方面确立了其全球领先地位。该公司致力于软磁粉末、软磁粉芯及其相关电感元件的创新、生产与市场推广。铂科新材的发展策略与全球碳减排目标同步，正处于一个快速增长的阶段。

从行业背景来看，铂科新材正处于技术进步和市场需求扩张的交汇点。其产品被广泛地应用于多种领域，包括变频空调、太阳能光伏逆变器、储能系统、数据中心的UPS（不间断电源）、新能源汽车、智能手机的快充技术，以及芯片电源模块。随着电子和通信技术的飞速进步，加之国家对新能源汽车、高端通信和消费电子行业的政策支持，金属软磁粉芯材料的需求不断上升，我国在全球生产和消费市场中占据了重要地位。这一行业趋势带动了铂科新材的营业收入和净利润增长，其盈利能力显著提高。2023年的财务报告显示，公司的营业收入为11.59亿元，同比增长8.71%，归母净利润达到2.56亿元，同比增长32.48%，而扣除非经常性损益后的净利润为2.39亿元，同比增长29.58%。

国家政策倾向于激励中小企业专注于细分市场、增强创新力、扩大市场份额、掌握核心技术，并保证产品质量和经济效益。作为一家专注于金属粉末和磁粉芯的国家高新技术企业，铂科新材以其出色的研发、生产和管理能力，以及明显的市场竞争优势，被授予专精特新“小巨人”企业的荣誉。自 2009 年成立以来，铂科新材持续推动技术创新，推出了一系列性能卓越的磁芯产品。公司生产的金属软磁粉芯，特别是铁硅合金粉芯，以其分布式气隙、良好的温度稳定性、低损耗、优异的直流偏置特性和高饱和磁通密度等特点，满足了电能转换设备对效率、功率密度和高频操作的需求。铂科新材在软磁材料研发领域的持续进步，以及在制作工艺上的技术创新，使其掌握了金属粉末核心制备的关键技术。金属粉末的制备技术主要涵盖物理化学法和机械法，后者主要包括雾化法和机械粉碎法。作为高端金属软磁材料领域的佼佼者，铂科新材不仅掌握了先进的气雾化制粉技术，还拥有真空雾化、离心雾化等制粉技术。目前，公司的产品和解决方案已在光伏发电、储能、变频空调、UPS、新能源汽车、充电桩等多个新兴领域得到广泛应用。

2. 浙江海德曼智能装备股份有限公司

浙江海德曼智能装备股份有限公司（以下简称浙江海德曼）是一家专注于高端数控车床领域的企业，它在多项关键技术上取得了突破，其高端数控车床在精准度和稳定性方面已达到国际领先水平。该公司的产品不仅在国内市场实现了国产化替代，还成功打入了德国等机床制造强国的市场。

回顾浙江海德曼的发展历程，可以看到公司经历了多个重要的发展阶段。公司最初以生产仪表车床起步，之后进入经济型数控车床市场，并最终在高端数控车床市场取得了突出成就。在 20 世纪初，随着国内数控机床需求的迅猛增长，浙江海德曼抓住了市场机遇，通过持续创新，于 2001 年成功推出了普及型数控车床，完成了从仪表车床到数控车床的转型。2006 年，公司推出了配备直线导轨的普及型数控车床，其中 HCL300/HCL360 型号成为公司的标志性产品。从最初的仪表机床制造到高端数控机床的发展，公司经历了普通数控机床的发展阶段，为后来进入高端数控机床市场打下了坚实的基础。目前，浙江海德曼拥有高端数控车床、各种轴类和盘类等零部件自动化生产线、普及型数控车床三大产品系列，二十余种产品型号，均为数字化控制产品，广泛应用于汽车、工程机械、通用设备和军事工业等多个领域。

在研发和创新方面，浙江海德曼获得了地方政府的认可和支持。公司目前拥有 8 项发明专利和多项实用新型专利、软件著作权等。公司的科研实力和技术水平得到了广泛认可，被授予“高端机床与智能制造工程中心”“科学技术进步奖一等奖（数控机床动态误差分析关键技术与应用）”“浙江省级企业技术中心”“浙江省级企业研究院”等荣誉称号。公司的HTC550、T65、VZ7000三款高端数控车床分别在2016年、2019年、2020年被认定为浙江省装备制造业重点领域省内首台（套）产品，这一荣誉由浙江省经济和信息化厅授予，旨在鼓励企业开发具有自主知识产权、高技术含量和良好经济效益的装备工业产品，提升浙江省装备制造业的整体水平。

参 考 文 献

步丹璐，等，2013. 高管薪酬粘性增加了企业投资吗？［J］. 财经研究，39（6）：63–72.

曹春方，等，2015. 信任环境、公司治理与民营上市公司投资–现金流敏感性［J］. 世界经济（5）：125–147.

陈东，等，2021. 重大风险预期、企业投资与对冲机制［J］. 中国工业经济（2）：174–192.

陈艳，等，2015. 现金股利迎合、再融资需求与企业投资：投资效率视角下的半强制分红政策有效性研究［J］. 会计研究（11）：69–75，97.

党力，等，2015. 反腐败与企业创新基于政治关联的解释［J］. 中国工业经济（7）：146–160.

邓建平，等，2011. 金融关联能否缓解民营企业的融资约束［J］. 金融研究（8）：78–92.

邓伟，2010. "国进民退"的学术论争及其下一步［J］. 改革（4）：39–46.

董志强，等，2012. 制度软环境与经济发展：基于 30 个大城市营商环境的经验研究［J］. 管理世界（4）：9–20.

冯晨，等，2023. 减税激励与异质性投资反应：来自小微企业的证据［J］. 管理世界，39（11）：38–62.

冯海波，等，2019. 税收负担与中小企业创业活跃度：基于省级面板数据的分析［J］. 税务研究（2）：68–75.

冯璐，等，2021. 双循环格局下的竞争中性与国企改革：来自国有资本差异化功能的证据［J］. 上海经济研究（2）：48–68.

郭飞，等，2022. 产业政策、营商环境与企业脱虚向实：基于国家五年规划的经验证据［J］. 财经研究，48（2）：33–46，62.

国家发展改革委体管所课题组，等，2015. 国企改革历程回顾与当前改革重点［J］. 中国经贸导刊（7）：27–29.

郝阳，等，2017. 国有、民营混合参股与公司绩效改进［J］. 经济研究，52（3）：122–135.

胡迟，2018. 国企改革四十年回顾与未来展望［J］. 经济纵横（9）：18–27，2.

胡楠，等，2021. 管理者短视主义影响企业长期投资吗？：基于文本分析和机器学习［J］. 管理世界，37（5）：139–156，11，19–21.

黄炳艺，等，2022. 职工董事影响企业投资效率吗？：基于中国资本市场的经验证据［J］. 会计研究（5）：77–91.

黄宏斌，等，2016. 企业生命周期、融资方式与融资约束：基于投资者情绪调节效应的研究［J］. 金融研究（7）：96–112.

冀志斌，等，2024. 中国式影子银行的收缩与企业投资行为：基于资管新规出台背景的证据［J］. 经济学（季刊），24（2）：661–676.

江伟，等，2006. 制度环境、国有产权与银行差别贷款［J］. 金融研究（11）：116–126.

江轩宇，等，2021. 网络舆论关注与企业创新［J］. 经济学（季刊），21（1）：113–134.

姜付秀，等，2009. 管理者背景特征与企业过度投资行为［J］. 管理世界（1）：130–139.

李广子，等，2009. 债务融资成本与民营信贷歧视［J］. 金融研究（12）：137–150.

李新春，等，2016. 牢笼的束缚与抗争地区关系文化与创业企业的关系战略［J］. 管理世界（10）：88–102，188.

李新春，等，2017. 制度逃离还是创新驱动？：制度约束与民营企业的对外直接投资［J］. 管理世界（10）：99–112，129，188.

李旭红，等，2014. 税收优惠与中小企业成长能力的实证分析［J］. 税务研究（8）：79–84.

李焰，等，2011. 企业产权、管理者背景特征与投资效率［J］. 管理世界（1）：135–144.

李业，2000. 企业生命周期的修正模型及思考［J］. 南方经济（2）：47–50.

林志帆，等，2021. 社会资本能否支撑中国民营企业高质量发展？［J］. 管理世界，37（10）：56–73.

刘啟仁，等，2019. 税收优惠、供给侧改革与企业投资［J］. 管理世界，35（1）：78–96，114.

刘瑞明，2011. 金融压抑、所有制歧视与增长拖累：国有企业效率损失再考察［J］. 经济学（季刊），10（2）：603–618.

刘瑞明，等，2010. 国有企业的双重效率损失与经济增长［J］. 经济研究，45（1）：127–137.

刘诗源，等，2020. 税收激励提高企业创新水平了吗 ?：基于企业生命周期理论的检验［J］. 经济研究，55（6）：105–121.

刘淑春，等，2021. 企业管理数字化变革能提升投入产出效率吗［J］. 管理世界，37（5）：170–190，13.

刘行，等，2019. 加速折旧政策与企业投资：基于“准自然实验”的经验证据［J］. 经济学（季刊），18（1）：213–234.

罗党论，等，2009. 政治关系、社会资本与政策资源获取：来自中国民营上市公司的经验证据［J］. 世界经济（7）：84–96.

罗进辉，2013.“国进民退”好消息还是坏消息［J］. 金融研究（5）：99–113.

吕怀立，等，2021. 金融政策竞争中性与民营企业融资纾困：来自突发公共卫生事件的准自然实验［J］. 金融研究（7）：95–114.

娜仁格日乐，等，2021. 内部控制、企业多元化经营战略与创新投入［J］. 财会通讯（14）：28–32.

聂辉华，2003. 企业的本质：一个前沿综述［J］. 产业经济评论，2（2）：22–36.

聂辉华，等，2020. 企业不确定性感知、投资决策和金融资产配置［J］. 世界经济，43（6）：77–98.

牛翠萍，等，2020. 企业家精神、管理层权力与企业可持续发展绩效的实证［J］. 统计与决策，36（19）：164–168.

钱雪松，等，2021.《物权法》出台、融资约束与民营企业投资效率：基于双重差分法的经验分析［J］. 经济学（季刊），21（2）：713–732.

覃家琦，等，2021. 企业家控制权、创业资本与资本配置效率：来自中国民营上市公司的证据［J］. 经济研究，56（3）：132–149.

谭小芬，等，2017. 经济政策不确定性影响企业投资的渠道分析［J］. 世界经济，40（12）：3–26.

童锦治，等，2018. 财政补贴、生命周期和企业研发创新［J］. 财政研究，（4）33–47.

王福胜，等，2021. 网络媒体报道对盈余管理的影响研究：基于投资者异常关注视角的考察［J］. 南开管理评论，24（5）：116–129.

王香芬，2013. 如何有效进行人才梯队建设［J］. 人力资源管理（12）：146–148.

王雄元，等，2022. 放松市场准入管制提高了企业投资效率吗？：基于“市场准入负面清单”试点的准自然实验［J］. 金融研究（9）：169–187.

吴超鹏，等，2016. 知识产权保护执法力度、技术创新与企业绩效：来自中国上市公司的证据［J］. 经济研究，51（11）：125–139.

徐业坤，等，2013. 政治不确定性、政治关联与民营企业投资：来自市委书记更替的证据［J］. 管理世界（5）：116–130.

杨俊，等，2009. 关系强度、关系资源与新企业绩效：基于行为视角的实证研究［J］. 南开管理评论，12（4）：44–54.

于蔚，等，2012. 政治关联和融资约束：信息效应与资源效应［J］. 经济研究，47（9）：125–139.

于文超，等，2019. 不确定性、营商环境与民营企业经营活力［J］. 中国工业经济（11）：136–154.

于文超，等，2020. 公开能带来效率吗？：政府信息公开影响企业投资效率的经验研究［J］. 经济学（季刊），19（3）：1041–1058.

余明桂，等，2013. 管理者过度自信与企业风险承担［J］. 金融研究（1）：149–163.

余明桂，等，2019. 民营化、融资约束与企业创新：来自中国工业企业的证据［J］. 金融研究（4）：75–91.

张纯，等，2009. 信息披露、信息中介与企业过度投资［J］. 会计研究（1）：60–65，97.

张瑾华，等，2014. 中国中小型民营企业的被迫国际化：以制度环境与创新能力影响下的共生性依赖为视角［J］. 财经研究，40（1）：83–92.

张宗新，等，2021. 媒体情绪传染与分析师乐观偏差：基于机器学习文本分析方法的经验证据［J］. 管理世界，37（1）：170–185，11，20–22.

赵仁杰，等，2022. 地方司法体制改革与企业投资：来自地方法院人财物省级统管的证据［J］. 经济学（季刊），22（2）：505–526.

赵勇，等，2021.“国进民进”国有企业在对外直接投资中的作用［J］. 世界经济，44（5）：53–78.

郑耀弋，等，2022. 创业企业家集权与自主创新意愿：基于内外双重视角的分析［J］. 科研管理，43（2）：176–183.

中国宏观经济分析与预测课题组，等，2017. 新时期新国企的新改革思路：国有企业分类改革的逻辑、路径与实施［J］. 经济理论与经济管理（5）：5–24.

周敏慧，等，2018. 中国国有企业改革经验、困境与出路［J］. 经济理论与经济管理（1）：87–97.

BARKER S R, et al., 2016.Measuring Economic Policy Uncertainty [J]. Quarterly Journal of Economics, 131(4): 1593–1636.

BRANDT L, et al., 2007. Bank discrimination in transition economies: ideology, information, or incentives? [J]. Journal of Comparative Economics, 31: 387–413.

CHEN Z, et al., 2023. Tax Policy and Lumpy Investment Behaviour: Evidence from China's VAT Reform [J]. The Review of Economic Studies, 90(2): 634–674.

COASE R H, 1937. The Nature of the Firm[J]. Economica, 4(16): 386–405.

DANSO A, et al., 2019. Market sentiment and firm investment decision–making [J]. International Review of Financial Analysis: 66.

EDMANS A, et al., 2017. Equity Vesting and Investment [J]. Review of Financial Studies, 30: 2229–2271.

GAO X, et al., 2021. Media coverage and investment efficiency [J]. Journal of Empirical Finance, 63: 270–293.

GRAHAM J R, et al., 2005. The economic implications of corporate financial reporting [J]. Journal of accounting and economics, 40(1–3): 3–73.

GRANINER L E, 1972. Evolution and revolution as organizations grow [J]. Harvard business review, 76 (3): 37–46.

GURUN U G, et al., 2012. Don't Believe the Hype: Local Media Slant, Local Advertising, and Firm Value [J]. The Journal of Finance, 67(2): 561–598.

HUANG Y, et al., 2020. Measuring Economic Policy Uncertainty in China [J]. China Economic Review: 59.

STEVEN N S CHEUNG, 1983. The Contractual Nature of the Firm [J]. The Journal of Law & Economics, 26(1): 1–21.

WRIGHT P, et al., 1996. Impact of corporate insider, blockholder, and institutional equity ownership on firm risk taking [J]. Academy of Management journal, 39(2): 441–458.

后　记

党的二十届三中全会指出，以经济体制改革为牵引，为中国式现代化提供强大动力和制度保障。我国改革开放以来的实践充分证明，紧紧扭住解放和发展社会生产力，坚定不移推进经济体制改革，才能夯实改革的经济基础，为其他各方面改革提供强大推动力。新时代新征程上，必须紧紧抓住推进中国式现代化需要解决的重大问题，谋划和推进经济体制改革，实现资源配置效率最优化和效益最大化，既“放得活”又“管得住”，激发全社会内生动力和创新活力。促进中小企业成长和民营经济发展是深化经济体制改革的重要内容，中小企业和民营企业既是进一步全面深化改革的重要参与者，也是改革成果的重要受益者。

随着进一步全面深化改革的深入贯彻落实，可以预见，各行各业的政策环境、市场环境都将不断改善，孕育出广阔的发展机遇。广大民营企业和中小企业应当立足自身实际，紧紧抓住新一轮科技革命和产业变革带来的生产力跃升机遇，在技术、产品、人才、管理等方面全面提升，主动向数字化、智能化、绿色化方向转型，坚持走专精特新发展道路，激发内生动力，只有这样才能在新的发展机遇中，塑造竞争新优势，赢得发展主动权。

中国中小企业协会自 2006 年成立以来，每年编写一本蓝皮书，作为总结当年中小企业发展成就和经验的重要文献。基于当前实际，本书理论与实践相结合，考证了大量书籍、资料，梳理了大量数据和调研信息，全面系统阐述了民营企业发展历程和现状、民营经济发展环境和内外部需求、存在的问题及发展方向，结合大量案例，为广大民营企业和中小企业做大做优做强提供了经验启示。

在本书编写过程中，中国中小企业协会的李子彬会长、马彬常务副会长、谢极同志和聂贤祝副秘书长以及中国人民大学国家中小企业研究院副院长孙文凯教授给予了指导。全书由孙文凯教授统稿，第一章由刘青君撰写，第二章由刘泓延撰写，第三章由张文凯撰写，第四章由刘玉涛撰写，第五章由杨妍撰写，第六章由刘宏彦撰写，第七章由唐思远撰写。全书由中国中小企业协会综合部政策研究员杨洁飞修改定稿。

本书的出版得到了中国计划出版社的大力支持，使之作为研究成果得以与广大读者见面。本书引用的相关研究成果和文献的数据、观点和内容，主要以参考文献的形式列示，恕不能尽数标明。在此，谨向所有关心支持本书编写出版的领导、同志以及相关研究者表示衷心的感谢！

本书是阶段性问题的思考和探讨，难免存在疏漏和不当之处，敬请广大读者批评指正。

本书编委会

2024 年 8 月 26 日于北京